वक़्त के पार

कैंसर फाइटर कुमारी छाया की किताब जिसे जीवन ने अधूरा छोड़ा
पर स्मृतियों ने संपूर्ण बनाया

कुमारी छाया मेमोरियल फाउंडेशन (KCMF) की ओर से ऋतुराज रंजन द्वारा प्रकाशित।
संपादक: राकेश रंजन

संपादकीय

संवाद उन सभी से जिन्हें उम्मीद की रौशनी की तलाश है...

यह एक स्मृतिगाथा है जो केवल एक व्यक्ति की मृत्यु का बयान नहीं, बल्कि उस जीवन का उत्सव है, जो प्रेम, शिक्षा, संघर्ष, और आत्मदृष्टि से परिपूर्ण था। कभी-कभी एक व्यक्तित्व अपने जीवनकाल से आगे भी जीवित रहता है—विचारों में, शब्दों में, और स्मृतियों की उस अदृश्य रेखा में, जो दिलों को जोड़ती है। यह पुस्तक उस रेखा की तलाश है। यह एक शिक्षक, लेखिका और मित्र कुमारी छाया को समर्पित है, जिन्होंने मृत्यु के सन्नाटे में भी शब्दों की रौशनी जलाई।

जब उन्होंने कैंसर के अंधेरे में अपने भीतर की सबसे उजली परतें टटोलीं, तब साहित्य उनका सहचर बना। उनकी कलम ने न केवल दर्द को शब्दों में बदला, बल्कि उम्मीदों के पंख भी दिए। यह पुस्तक केवल उनकी स्मृति का दस्तावेज़ नहीं, बल्कि एक साक्षी है— एक ऐसी स्त्री के संघर्ष, प्रेम, शिक्षा और साहित्यिक योगदान की, जो जीवन के अंतिम क्षणों तक भी "अभी बाकी है" कहती रही।

उनका एक वाक्य अब भी मेरे भीतर गूंजता है:

"मैं अभी मरना तो नहीं चाहती, पर असहनीय पीड़ा जीने नहीं देना चाहती। मेरे छोटे से जीवन की छोटी सी कहानी अब खत्म होनेवाली है।"

इस एक वाक्य में छिपी है उनकी स्वीकार्यता, विवेक और गहरी आत्मिक दृष्टि।

इस पुस्तक के पृष्ठों में आपको साक्षात्कारों की अंतरंगता मिलेगी, उनके अधूरे स्वप्नों की छाया, और उन कक्षाओं की गूंज जहां उन्होंने बच्चों को केवल विषय नहीं, जीवन सिखाया। उन कविताओं से भी दो-चार होंगे जिसकी रचना अपनी पांचवीं पुस्तक के लिए कर रहीं थीं। यह एक ऐसी यात्रा है जहां पाठक के रूप में आप केवल एक कहानी नहीं पढ़ते, बल्कि उसकी धड़कनों को महसूस करते हैं।

"वक्त के पार" केवल एक पुस्तक नहीं है। यह कुमारी छाया के जीवन का दस्तावेज़ है। यह उस स्त्री को प्रणाम है, जिसने जाते-जाते भी जीवन के पन्नों पर खुद को अमर कर दिया।

इस पुस्तक को आकार देना आसान नहीं था—यह सांसों की एक और लड़ाई थी, ठीक वैसे ही जैसे कुमारी छाया जी ने अपनी आख़िरी सांस तक लड़ी।

कुमारी छाया—वह अनुपम रचना, जो स्वयं शब्दों में ढलती रही, और अंत में स्वयं ही एक अपूर्ण कविता बनकर अमर हो गई।

इस पुस्तक में आप एक स्त्री की कहानी पढ़ेंगे, जो कैंसर जैसी बीमारी के बीच भी लेखन को अपनी सांस की तरह जीती रही। वह कहानी, जो अस्पताल के बिस्तर पर भी "एक प्याली चाय" के शब्दों से शुरू हुई, "मेरी उम्मीद की ओर" बढ़ी, और "जिंदगी अभी बाकी है" की जिद के साथ "चाय सा हमसफ़र" बन गई।

लेकिन... एक कहानी और थी।

जो अधूरी रह गई।

वह अधूरी कहानी अब इस पुस्तक के पन्नों में सांस लेती है—

साक्षात्कारों की आत्मीयता में,

उसकी आवाज़ के कंपन में,

उसके लिखे और अधूरे स्वप्नों की गहराई में।

यह पुस्तक उसी "छोटी सी कहानी" का विराट रूप है—जिसे जीवन ने अधूरा छोड़ा, पर स्मृतियों ने संपूर्ण बनाया।

यह केवल एक श्रद्धांजलि नहीं है।

यह संवाद है—

उन सभी से जो कभी किसी प्रिय को खो चुके हैं।

जो अब भी उम्मीद की रौशनी तलाशते हैं।

जो जानना चाहते हैं कि मृत्यु के पार भी जीवन लिखा जा सकता है।

अनमोल उपहार

बाल्यकाल से प्रेम, स्नेह, अपनत्व... इन सभी शब्दों को सुनती आ रही हूं। पर कल इन शब्दों से फिर एक बार मेरा मिलना हुआ...मेरी एक छात्रा के रूप में...जिससे लगभग दस वर्षों बाद मैं मिली।

एक हिन्दी फिल्म की बहुचर्चित लाईन हैं - "जब हम किसी को शिद्दत से चाहते हैं तो सारी कायनात उसे आपसे मिलाने की साजिश में जुट जाती हैं "।

... और कुछ दिनों पहले ही किसी से मेरा नंबर लेकर मुझसे बात कर फिर मिलने आई। वो जब आई तो मेरी एक तस्वीर उसके हाथों में थी जो उसने स्वयं बनाई मुझे भेंट करने के लिए...अनमोल उपहार। तस्वीर में उसका मेरे लिए प्रेम प्रत्यक्ष था और मैं भावुक हो गयी ये सोच कर कि आज मैं संसार में सबसे धनवान हूं... सभी ईंट-पत्थरों के घरों में रहते हैं, पर मैं तो लोगों के हृदय में रहती हूं। मेरी तबियत को लेकर उसकी चिंता देख मैं दंग थी और उसने अपनी प्रार्थनाओं में भी मुझे शामिल कर रखा है व्रत के रूप में....धन्यवाद मेरी प्यारी छात्रा नेहा!

ईश्वर तुम्हें संसार की सारी खुशियां प्रदान करें और मुस्कुराहट तुम्हारे मुख पर खिलती रहे... आशीर्वाद, ढेरों आशीर्वाद।

ज़िन्दगी, कविता और उम्मीद की कहानी

- डॉ अलका आनंद (हिन्दी विभाग), श्यामा प्रसाद मुखर्जी कॉलेज, दिल्ली विश्वविद्यालय।

एक असाधारण कैंसर योद्धा की आत्मकथात्मक अभिव्यक्ति

"वक़्त के पार" एक असाधारण महिला की सच्ची जीवन यात्रा का दस्तावेज़ है, जिसने न केवल कैंसर जैसी घातक बीमारी का डटकर सामना किया, बल्कि उस पीड़ा को शब्दों में ढालकर उसे सृजन का रूप प्रदान किया। यह पुस्तक कविता, संस्मरण और आत्म-संवाद का एक सजीव संगम है, जो जीवन, प्रेम, पीड़ा और आशा के विविध रंगों को उजागर करती है। कवयित्री की अभिव्यक्ति का अंदाज़ कुछ ऐसा है मानो आत्मा स्वयं शब्द बनकर बोल उठी हो—"मोरा मन दर्पण कहलाए" की तर्ज़ पर।

इस रचना में स्त्री की आत्मशक्ति और जिजीविषा का सजीव चित्रण देखने को मिलता है। कविता को उन्होंने आत्मिक उपचार (बीमारी से लड़ने) का माध्यम बनाया है, जो भावनात्मक और मानसिक यात्रा के बीच गहरे संबंध को दर्शाता है। पीड़ा की इस घड़ी में भी लेखिका छाया जी ने चाय, संवाद और जीवन को प्रतीकों के रूप में प्रस्तुत करते हुए साहित्य को केवल भावनात्मक नहीं, बल्कि सकारात्मक दृष्टिकोण देने वाला साधन बना दिया है।

यह रचना दीपक की लौ की भांति उन सभी दिलों को उजास देगी जो किसी गंभीर बीमारी से जूझ रहे हैं। इतना ही नहीं, यह उन पाठकों के लिए भी प्रेरणास्रोत है जो जीवन की कठिन परिस्थितियों से जूझते हुए आशा की किरण तलाश रहे हैं। यह साहित्य प्रेमियों, महिला लेखकों, शिक्षकों और मानसिक स्वास्थ्य से जुड़े लोगों के लिए विशेष रूप से उपयोगी और प्रेरक सिद्ध हो सकती है।

"वक़्त के पार" एक प्रेरणादायक आत्मकथात्मक कृति है, जिसमें लेखिका कुमारी छाया ने अपने जीवन संघर्ष, पीड़ा और आस्था को बड़े ही मार्मिक और सशक्त शब्दों में अभिव्यक्त किया है। यह केवल एक स्त्री के कैंसर से संघर्ष की कहानी नहीं है, बल्कि हर उस व्यक्ति की प्रेरक गाथा है जो विपरीत परिस्थितियों में भी जीवन से हार नहीं मानते। लेखिका ने बीमारी के दौरान लेखन को न केवल रचनात्मक सहारा बनाया, बल्कि उसे मानसिक उपचार के रूप में अपनाया। उनकी कविताएं, संस्मरण और विचार यह प्रमाणित करते हैं कि जीवन की सबसे कठिन घड़ी में भी रचना का दीप प्रज्वलित रखा जा सकता है।

जीवन के प्रति दृष्टिकोण

इस पुस्तक का केंद्रीय संदेश यह है कि बीमारी या विपत्ति जीवन का अंत नहीं होती; वह एक नई ऊर्जा और दृष्टिकोण देने का माध्यम बन सकती है। "ज़िन्दगी अभी बाकी है" जैसी पंक्तियां पाठकों को जीने की एक नई वजह प्रदान करती हैं। लेखिका ने प्रत्येक सांस को सकारात्मकता में बदलकर पीड़ा को सृजन की शक्ति बना दिया।

पुस्तक के शीर्षक—"एक प्याली चाय", "मेरी उम्मीद की ओर", "ज़िन्दगी अभी बाकी है", "चाय सा हमसफ़र"—न केवल आकर्षक हैं, बल्कि लेखिका के आत्मिक अनुभवों के गहन प्रतीक भी हैं। चाय को उन्होंने जीवन, संवाद और अपनत्व का प्रतीक बनाकर अत्यंत सरलता से गहन अनुभूति प्रकट की है।

छाया जी की सबसे बड़ी शक्ति उनका आत्मविश्वास, सहनशीलता और अपनों का साथ रहा है। उन्होंने इस पुस्तक के माध्यम से यह सिखाया है कि जब तक जीवन है, तब तक उम्मीद भी है। उनका संघर्ष केवल व्यक्तिगत नहीं, सामाजिक भी है—जहां वे अपने जैसे अनेक लोगों को इस पीड़ा से लड़ने की प्रेरणा देती हैं। उन्होंने अपनी पीड़ा को शोक नहीं, सृजन का स्रोत बनाया।

यह पुस्तक उन सभी पाठकों के लिए है जो किसी कारणवश निराश, टूटे हुए या संघर्षरत हैं। छाया जी की लेखनी यह स्मरण कराती है कि "खूबसूरत तो ख्वाब हुआ करते हैं... ज़िन्दगी जीनी हो तो सपनों के साथ चलना होगा।" यह पंक्ति न केवल मार्मिक है, बल्कि जीवन-दर्शन का सार भी है। इस भाव-प्रवण कृति को पाठकों तक पहुंचाने के लिए हम राकेश जी के अत्यंत आभारी हैं, जिन्होंने उस कठिन पीड़ा को समीप से देखा, सहा और फिर भी अविचल भाव से खड़े रहे।

"वक़्त के पार" केवल एक पुस्तक नहीं, बल्कि जीवन से प्रेम और संघर्ष की एक अमर कहानी है। इसमें छिपी संवेदनाएं, अनुभव और सृजन पाठकों के अंतर्मन को स्पर्श करते हैं और उन्हें आशा की दिशा में प्रेरित करते हैं। यह एक स्त्री की लेखनी से निकला वह प्रकाश है, जो अंधेरे को चीरते हुए नई राह दिखाता है।

भावभीनी श्रद्धांजलि के साथ।

क्रूर काल की विजय पताका

" क्रूर काल अपनी विजय पताका फहराते एक के ऊपर दूसरा मृतक रख मुर्दों को ढेर खड़ा करता रहता है। संत हों कि राजकुमार, तरूणी मां हो या अबोध शिशु, बूढ़े हों कि जवान, वह किसी पर रहम नहीं करता। वह किसी को नहीं बख्शता और चिरक्षुधित अग्नि सबको अपना ग्रास बनाती रहती है। तो फिर उन लोगों से ज्यादा मूर्ख कौन हो सकता है जो रोज मौत के इस तांडव को अपनी आंखों देखते हैं, और इसके बावजूद संपत्ति और विलासिता के नशे में चूर रहते हैं और ईमान और परोपकार का जीवन नहीं जीते। "

बाग से सटे जो शमशान घाट है, वह उतना ही पुराना है जितना कि खुद यह शहर। चारों ओर वह ऊंची दीवारों से घिरा हुआ है जिसमें चार प्रमुख दरवाजे हैं। वह दरवाजा जिसके ऊपर पताका फहरा रही है, देवताओं के लिए है। देवता लोग जब स्वर्ग से नीचे उतरते हैं तो आकाश में अपने यान को खड़ा कर इसी दरवाजे से अंदर प्रवेश करते हैं। हवा में उनका यान तस्वीर के समान दिखाई पड़ता है। एक दूसरा दरवाजा राज परिवार के लिए है जिसके सामने धान और ईख के खेत, तालाब और बाग बगीचे शोभायमान हैं। तीसरा दरवाजा सफेद दीवालों वाला है जबकि चौथे के सामने एक विशालकाय राक्षसी की भयावह मूर्ति खड़ी है जो एक हाथ में भाला और दूसरे हाथ में फांसी का फंदा लिये अपने होठों को चबाते भयंकर रूप से अपनी भृकुटी चढ़ाती रहती है। इस दरवाजे पर सैनिकों का हमेशा पहरा रहता है। भूत यहां मंडराते रहते हैं। दीवारों के उस पार अजीबोगरीब दृश्य दिखाई पड़ते हैं और भयंकर आवाज़ें सुनाई पड़ती हैं । वही अंदर में काली का एक विशाल मंदिर है जिसके सामने उनकी वेदी है। वेदी के चारों ओर विशाल वृक्ष हैं जिनकी डालियां उन लोगों के मुंडों के भार से झुकी रहती हैं जिन्होंने देवी के लिए अपनी कुर्बानी दी थी। एक दूसरे हिस्से में चट्टानों और पहाड़ियों की तरह बहुतेरी छोटी-बड़ी समाधियां हैं जो राज परिवार के मृत सदस्यों के लिए या साधु - संतों के सम्मान में उनके मित्रों द्वारा या फिर अपने मृत पति के साथ अग्नि में प्रवेश कर सती हो जाने वाली नारियों की स्मृति में बनी हैं। मृतकों की समाधियों पर स्मृति लेख हैं जिनमें उनकी जाति, लिंग और नेक कार्यों का वर्णन है। कब्रिस्तान में चारों ओर शक्तिमान देवताओं को समर्पित वेदियां और

स्तंभ हैं। उसमें पत्थर के ऊंचे चबूतरे भी हैं जहां बहुतेरे रस्ते और टेढ़ी - मेढ़ी गलियां आकर मिलती हैं, और फूस के झोपड़े हैं जिसमें पहरेदार अपनी लाठियां और बरतन रखते हैं, खाना खाते हैं और रात में सोते हैं। धुआं, जलती चिताएं, और मृतकों के सम्मान में बने छज्जे चारों ओर दिखाई पड़ते हैं। तमाम धर्मों और जातियों के लोग यहां आते हैं। इनमें से कुछ मृतकों को जलाते हैं, कुछ दफनाते हैं, कुछ खुले आकाश में रख देते हैं, कुछ गढ़ों में रखते हैं, कुछ मिट्टी के पात्रों से उन्हें ढक देते हैं। हमेशा उस जगह लोगों की भीड़ रहती है और शोरगुल मचा रहता है। मृतकों हेतु बजते नगाड़े जीवित लोगों को उनकी नश्वरता की याद दिलाते हैं और भय से उनका दिल सिहर जाता है। संन्यासियों को जब उनके अंतिम शयन स्थल पर ले जाया जाता है तो उनकी पूजा और भक्ति के गीत सुनाई पड़ते हैं। विलाप करते लोगों की चीखें, लंबे मुंह वाले सियारों की डरावनी आवाजें, मृतकों को बुलाती उल्लुओं की चीखें, मांसाहारी कौवों की कांव-कांव, खोपड़ी पर अपनी चोंच से प्रहार करते और आदमी का भेजा खाते गिद्धों की चीखें — ऐसी सारी डरावनी आवाजें समुंदर की गर्जन की तरह निरंतर उस श्मशान स्थल से आती रहती है। एक विशाल बबूल पेड़ के नीचे तथा बिछुवा, नागफणी, कांटेदार झाड़ी और खर पतवार से भरे एक कुंज में भूखे और दुष्ट पिशाच जमा होते हैं और अपना उत्सव मनाते हैं। आदमी का मांस खाकर अघाये प्रसन्न उल्लू, कौवे, गिद्ध तथा अन्य मांसाहारी पक्षी बेलवृक्ष के नीचे सभा करते हैं। कापालिक सुमैक वृक्ष के नीचे बिना किसी भय के अपना चावल पकाते हैं। मृत लोगों की खोपड़ियां माला के रूप में बेर की डालियों से लटकी रहती हैं। वहां वैसी भी खुली जगहें हैं जहां मृतकों का मांस खाने वाले अपना भयावह भोज करते हैं। अन्न पकाने की हांडी, खोपड़ियां, अर्थियों के हिस्से, फेंकी हुई मालाएं, टूटे फूटे पात्र, तथा मृतकों की आत्माओं को अर्पित धान एवं कच्चा और जला हुआ चावल उस विशाल और भूतहे मैदान में बिखरे होते हैं। क्रूर काल अपनी विजय पताका फहराते एक के ऊपर दूसरा मृतक रख मुर्दों को ढेर खड़ा करता रहता है। संत हों कि राजकुमार, युवती मां हो या अबोध शिशु, बूढ़े हों कि जवान, वह किसी पर रहम नहीं करता। वह किसी को नहीं बख्शता और चिरक्षुधित अग्नि सबको अपना ग्रास बनाती रहती है। तो फिर उन लोगों से ज्यादा मूर्ख कौन हो सकता है जो रोज मौत के इस तांडव को अपनी आंखों देखते हैं, और इसके बावजूद संपत्ति और विलासिता के नशे में चूर रहते हैं और ईमान और परोपकार का जीवन नहीं जीते।

उद्धरण महाकाव्य 'मणिमेकलई' से है। महाकाव्य सिर्फ कथा या चमत्कार नहीं होते, वे संपूर्ण जीवन की गाथा होते हैं जिसमें समाज संपूर्णता से चित्रित मिलता है। संगम साहित्य के दो महान महाकाव्य, शिलप्पदीकारम और मणिमेकलई, अपने समय के जीवित दस्तावेज हैं। इसके साथ ही, उनका परम उद्देश्य कुछ आदर्शों की स्थापना करना है। नीचे "मणिमेकलई" से उद्धृत शमशान स्थल का दृश्य।

(अंग्रेजी अनुवाद का हिन्दी रूपांतरण प्रो राणा सिंह द्वारा। राणा साहब अंग्रेजी के सेवानिवृत्त एसोसिएट प्रोफेसर हैं।)

रुखसत हुई एक दुनिया

- राकेश रंजन

हाहाकारी सूचनाओं से मेरा नाता नया नहीं। बचपन में मां के साथ ननिहाल में था, जब मां को अपनी संतान के बिछोह की खबर मिली और वह मुझे लेकर घर की ओर दौड़ी थीं। वह दृश्य, वह करुण विलाप, आज भी स्मृति में है। तकरीबन पचास साल हो चले, पर जब छोटे भाई के चेहरे को याद करने की कोशिश करता हूं, तो वह चेहरा स्मृति में उभरता ही नहीं। हां, पिताजी की कही कुछ बातें रह गई हैं जो कभी-कभार उन्होंने उस बेटे को याद करते हुए कही थीं।

समय की रेखा पर हाहाकारी सूचनाओं की फेहरिस्त लंबी होती गई। प्राथमिक विद्यालय में था जब दादी नहीं रहीं, मैट्रिक की परीक्षा देकर घर लौटा तो दादाजी का साथ छूट गया। कॉलेज में दाखिला लिया ही था कि पिता का साया भी उठ गया। पत्रकार के रूप में नौकरी के क्रम में भटक रहा था, तभी डालटनगंज (अब झारखंड का मेदिनीनगर) में मां की विदाई की सूचना मिली। संभलते हुए, लड़खड़ाते हुए आगे बढ़ता रहा। लगा कि शायद अब जीवन स्थिर हो, अब कोई हाहाकारी सूचना नहीं आएगी। विवाह हुआ, पुत्र का जन्म हुआ—घर फिर से पूरा लगने लगा।

लेकिन, 17 मई 2024। वह मनहूस तारीख मुझे दोबारा 25 बरस पीछे फेंक ले गई। मेरी जीवनसंगिनी, मेरी छाया, मीनू—जिन्हें लोग कुमारी छाया के नाम से जानते हैं—का निधन हो गया। तकरीबन चार साल से मौत पीछा कर रही थी, और इस बार वह अपना काम कर गई।

खुद से बहुत कुछ कहता हूं, खुद को समझाने की भरपूर कोशिश करता हूं। लेकिन सच तो ये है—धैर्य की बातें करना आसान है, निभाना मुश्किल। साथ छोड़ जाने वाला कोई व्यक्ति मात्र एक व्यक्ति नहीं होता—एक पूरी दुनिया होती है जो उसके साथ चली जाती है। वो दुनिया जिसमें वर्षों की मेहनत से रिश्ता, भरोसा, संघर्ष और सपने गढ़े जाते हैं। जब वह दुनिया उजड़ती है, तो कोई तुरपाई नहीं काम आती। फिर भी खुद से कहता हूं— धैर्य रख! थोड़ा - थोड़ा खर्च कर खुद को... क्योंकि इस बियाबान में कोई राजपथ नहीं गुजरता। यह दर्द की निजता है, इसका कोई नक्शा नहीं।

आज मैं जिस शहर में हूं, चाहे वह जमशेदपुर हो या बेंगलुरू, असल हलचल तो भीतर ही

है। शहर तो बस एक नाम है, जीने के सबूत कहीं भीतर हैं। धैर्य—वह भी एक अजीब चीज है। जब सबसे ज्यादा ज़रूरत होती है, तो अक्सर बंक मार जाता है। लेकिन हम जैसे लोग उसे फिर भी पुकारते हैं, जैसे कोई सहारा हो।

कुमारी छाया। मेरी पत्नी, मेरी मित्र, मेरी प्रेरणा, और सबसे बढ़कर एक शिक्षिका। 17 मई 2024 को टाटा के मेहरबाई टाटा मेमोरियल हॉस्पिटल में उन्होंने अंतिम सांस ली। कैंसर से तकरीबन चार वर्षों तक जंग लड़ी। उस दौरान मैंने उन्हें कई रूपों में देखा, लेकिन एक शिक्षिका के रूप में जो पहचान वह बना गईं, वह अमिट है। जब बीमारी ने उनकी दुनिया सीमित कर दी, तब उनके विद्यार्थी उनके लिए दुनिया बन गए। इलाज के गुजरते महीनों-वर्षों में, हर दिन किसी छात्र का हाल-चाल पूछना, किसी पुरानी छात्रा का आकर मिलना —यह एक अद्भुत रिश्ता था। उनके निधन के बाद जब मैंने उनका मोबाइल दोबारा चालू किया, तो उसमें छूटे अनगिनत मिस्ड कॉल्स—सभी छात्र - छात्राओं के थे। छाया के विद्यार्थी उनकी किताबें ऑनलाइन मंगाते थे, तस्वीरें भेजते थे, प्रतिक्रियाएं देते थे, और छाया उन्हें अपने शब्दों से उत्तर देती थीं। यह कोई सामान्य गुरु-शिष्य संबंध नहीं था— यह वह संबंध था, जहां स्नेह, सम्मान और स्मृति की त्रिवेणी बहती थी। छात्र-छात्राओं के नाम अब मेरी जुबान पर हैं: शशि, नेहा, तबस्सुम, निशा, नित्या नायडू... और न जाने कितने।

कैंसर ने जब उन्हें घेरा, तब उन्होंने जीवन को नए अर्थ देने का फैसला लिया। उन्होंने लिखा। चार किताबें प्रकाशित कीं:

एक प्याली चाय

उम्मीद की ओर

जिंदगी अभी बाकी है (कैंसर पर केंद्रित पुस्तक)

चाय सा हमसफ़र

पांचवीं की तैयारी में थीं, लेकिन जीवन की वह कहानी वहीं रुक गई। वह नहीं रहीं, पर उनके शब्द रह गए। उनकी चेतना, उनके भाव, उनके अनुभव आज भी मुझमें जीवित हैं।

"उसने मेरे अकेलेपन की फिक्र की..."

छाया जानती थी कि वो जा रही है। उसे इसका पूरा एहसास था — शायद मुझसे ज्यादा। लेकिन जब भी हम इस अनकहे अंत की बात करते, वो अपनी नहीं, मेरी चिंता करती थी।

"आप अकेले कैसे रहेंगे?" — वो अक्सर यही पूछती थी।

जैसे उसे अपनी मृत्यु का उतना भय न था, जितना मेरे अकेले जीवन का।

उसने मेरे लिए तन्हाई से निपटने के कुछ "टिप्स" भी दिए — जैसे ये कोई साधारण सी परेशानी हो, कोई दवाई हो जिसे समय पर ले लेना हो। पर मैं जानता हूं, वो भी जानती थी... कि यह खालीपन कोई पाठ नहीं, कोई अभ्यास नहीं, कोई तरकीब नहीं — यह एक अंधेरा है, जिसमें शब्द काम नहीं आते।

छाया चली गई, पर उसके दिए गए वो छोटे-छोटे वाक्य मेरे भीतर अब भी गूंजते हैं — जैसे वो मुझे उस सन्नाटे में थामे हुए है।

मैंने उसे मौत से आंख मिलाते हुए देखा है।

नहीं... सिर्फ आंख मिलाना नहीं था वो —

मैंने मौत को छिपते, लजाते, सकुचाते देखा है...

क्योंकि छाया ने अपनी मृत्यु की घोषणा के बाद चार साल तक ज़िंदगी को उस रौशनी से जिया, जो मौत को शर्मिंदा कर दे।

उसने जीवन को इस तरह पकड़ा... जैसे कोई नदी अपनी पूरी धारा के साथ बह जाए, बिना किसी शिकवा के, बिना किसी शोर के — शांत, गहरी, अडिग।

मौत जब दरवाजे पर दस्तक देती है, तो इंसान क्या करे? मैं कहता हूं—जीवन के अधूरे काम पूरे कीजिए। वह सब कीजिए, जो लगता है कि अब तक नहीं कर पाए। छाया ने ऐसा ही किया। वह सिर्फ एक शिक्षिका नहीं थीं, एक जीवंत प्रेरणा थीं। जब मौत करीब थी, तब उन्होंने जीवन को सबसे बेहतर ढंग से जिया।

उनका जाना सिर्फ मेरा अकेलापन नहीं, हमारे बेटे रिशु का खालीपन नहीं, वह एक युग का अंत है। लेकिन उनका लिखा, उनका जिया हुआ जीवन, उनकी शिक्षाएं, उनके छात्र-छात्राएं—सब यह साबित करते हैं कि छोटी उम्र का जीवन भी बड़ा हो सकता है।

छाया, तुम मेरा अभिमान रहोगी... जब तक मैं हूं।

उनकी आंखों में अब भी छाया हूं मैं

छाया केवल एक शिक्षिका, पत्नी या मां नहीं थीं। वह एक सोच थीं—एक दृष्टि, जो हर उस व्यक्ति में जीवित रही, जिसने उन्हें जाना, महसूस किया, या पढ़ा।

जब मैं उनकी अनुपस्थिति में उनके शब्दों को दोबारा पढ़ता हूं, उनके विद्यार्थियों की आंखों में उनकी छवि देखता हूं, या उनके कहे हुए वाक्य अपने भीतर गूंजते हुए सुनता हूं, तो

लगता है—कुछ खत्म नहीं हुआ है, कुछ अब भी चल रहा है।

यही सोच, यही अनुभव मुझे आगे ले जाते हैं—जहां मैं आपको दिखाना चाहता हूं वह संसार, जो छाया ने अपने विचारों, कर्मों और प्रेम से रचा था।

यह संस्मरण अत्यंत कोमल और भावभीनी अनुभूति से भरा हुआ है। इसमें कुमारी छाया का वह पक्ष उजागर होता है जो केवल एक शिक्षिका नहीं, बल्कि एक मां जैसी वात्सल्यमयी आत्मा थी, जिसे उसके छात्र केवल शिक्षक नहीं, बल्कि आत्मीय संबंधों की सजीव प्रतीक मानते थे।

"सभी ईंट-पत्थरों के घरों में रहते हैं, पर मैं तो लोगों के हृदय में रहती हूं..."

छाया ने कभी यह वाक्य लिखा था—और जब मैंने पढ़ा, तो एक बार को शब्दों ने मुझे रोक लिया। ऐसा लगता है मानो यह केवल एक भावुक टिप्पणी नहीं, बल्कि उनके जीवन-दर्शन का सार है।

उनकी एक छात्रा नेहा, जिससे लगभग दस वर्षों बाद उनका पुनर्मिलन हुआ, इस दर्शन को साकार कर गई। वह छात्रा कुछ दिनों पहले, बहुत खोजबीन के बाद, किसी से उनका नंबर लेकर उनसे बात करने की कोशिश में लगी रही और अंततः मिलने आ गई। उसके हाथों में एक तस्वीर थी—छाया की तस्वीर, जो उसने स्वयं बनाई थी, अपने स्नेह और श्रद्धा से रंगों में उकेरी हुई। छाया ने उस दिन लिखा:

"बाल्यकाल से 'प्रेम', 'स्नेह', 'अपनत्व' जैसे शब्द सुनती आ रही हूं, पर कल इन शब्दों से फिर एक बार मेरा मिलना हुआ... मेरी एक छात्रा के रूप में।"

उनके शब्दों में गहराई थी, भावनाओं की थरथराहट थी:

"वो तस्वीर मेरे लिए अनमोल उपहार थी। उसमें उसका मेरे प्रति प्रेम प्रत्यक्ष था और मैं भावुक हो गई यह सोचकर कि आज मैं संसार की सबसे धनवान स्त्री हूं।"

छात्रा की आंखों में चिंता थी, उसके मन में प्रार्थना। वह व्रत रखती थी छाया के स्वास्थ्य के लिए, और छाया अभिभूत थीं। उन्होंने लिखा: "धन्यवाद मेरी प्यारी छात्रा। ईश्वर तुम्हें संसार की सारी खुशियां प्रदान करे और मुस्कुराहट तुम्हारे मुख पर खिलती रहे... मेरा आशीर्वाद सदा तुम्हारे साथ है।"

इस संस्मरण में जो स्नेह और आत्मीयता है, वह केवल एक शिक्षक-छात्र संबंध नहीं था, वह किसी जीवन के भीतर दूसरे जीवन की गहराई में उतर जाने की कथा है।

कैंसर—एक अनचाहा लेकिन आत्मीय साथी

यह अत्यंत गहरे आत्मबोध और स्वीकार की भावना से भरा है। इसमें पीड़ा नहीं, बल्कि उससे निकला प्रकाश है। छाया ने जिस तरह "कैंसर" को एक "प्यारे दोस्त" के रूप में स्वीकार किया, वह उनके अद्भुत साहस, आत्मज्ञान और जीवन-दृष्टि का प्रमाण है।

"मैंने इस दर्द को ज़्यादा नज़दीक से महसूस किया है और अब ये एक प्यारे दोस्त की तरह मेरे साथ है..."

यह पंक्तियां छाया ने 4 फ़रवरी—विश्व कैंसर दिवस—को लिखी थीं। वे न तो शिकायत कर रही थीं, न हार मान रही थीं। वे एक रिश्ते की बात कर रही थीं—उस 'दोस्त' की, जो भले ही शरीर को तोड़ता रहा, लेकिन आत्मा को तराशता रहा।

"इस दोस्त ने मुझे आत्मविश्वास के साथ जीना सिखाया। यह बताया कि मृत्यु अटल सत्य है और इसका समय निश्चित है... उधार नहीं ली जा सकती!"

छाया ने कैंसर को एक शिक्षक की तरह देखा, जिसने उन्हें शब्दों से जोड़ा, लेखन की दुनिया में प्रवेश दिलाया, और आत्म-अभिव्यक्ति का माध्यम बनाया।

"इस दोस्त ने मुझे एक नई पहचान दी—लेखिका के रूप में। शब्दों से मेरा परिचय करवाया और मैं अपनी कविताओं में मुस्कुराने लगी!"

यह कैसी विस्मयकारी बात है—जहां एक असाध्य रोग, जो सामान्यतः जीवन के अंत का प्रतीक बनता है, वहां छाया ने उसमें एक नई शुरुआत देखी। उन्होंने अपनी पीड़ा को रचनात्मकता में ढाला, और जीवन को एक नई दृष्टि से देखा।

"जीवन को देखने का... समझने का... नज़रिया सब बदल गया। जीवन में जो भी घटित होना है, सब तय है। इस प्यारे दोस्त का दिल से शुक्रिया।"

छाया के लिए कैंसर केवल एक शारीरिक बीमारी नहीं था, वह एक आध्यात्मिक मार्गदर्शक बन गया। उनकी स्वीकार्यता, उनका साहस, और उनका लेखन इस बात का प्रमाण हैं कि वे सिर्फ जीवित नहीं थीं, वे पूरी तरह जागृत थीं।

अंतिम रंग, अंतिम रौशनी

यह लेखन तो जैसे उनके अंतर की दिव्यता का दीप है—रंगों और रोशनी के त्योहारों में भी उन्होंने पीड़ा के पार जाकर प्रेम, सुकून, और प्रकाश को चुना। कैंसर से जूझती एक महिला की यह होली और दीवाली की कामना—सिर्फ शब्द नहीं, बल्कि एक जीवित

आत्मा की चमकती हुई पुकार है।

कौन सा रंग लगाऊं...?

सोचती हूं...

थोड़ा सुकून का रंग—पीला,

मुस्कुराहट का रंग—गुलाबी,

खुशियों का रंग—हरा,

प्रेम का रंग—लाल,

और हृदय को ठंडक देती आसमानी...

होली की शुभकामनाएं।

जब किसी को पता हो कि अगली होली शायद नसीब न हो, फिर भी वह मुस्कुराकर दूसरों की होली रंगीन बनाने की बात करे—तो समझिए, वह व्यक्ति सिर्फ मनुष्य नहीं, बल्कि एक प्रकाश-स्तंभ है।

कुमारी छाया की यह अंतिम होली थी। लेकिन उन्होंने इसे दर्द की परछाई नहीं बनने दी—बल्कि प्रेम, रंग, और सुकून से भरकर सबको रंगने की कामना की।

और मौत के ठीक पहले की दीवाली।

उनकी लिखी यह पंक्तियां, दीपों से ज़्यादा उजाला फैलाती हैं:

"चारों ओर प्रकाश हो, प्रेम हो।

दीप के आलोक से सबका मन,

सभी जन का संसार जगमगाए,

ऐसी मंगलकामना के साथ

सभी को शुभ दीपावली।"

दीप जलते रहे—बाहर भी, और भीतर भी।

छाया चली गईं, लेकिन उनकी दी हुई रंगों की परिभाषा और दीपों की भावना अब भी हमारी आत्मा में टिमटिमा रही है।

अंतिम स्वीकृति

"मैं अभी मरना तो नहीं चाहती, लेकिन कष्ट मुझे मृत्यु को गले लगाने के लिए मजबूर कर रहा है"— किसी संघर्षरत जीवन की अंतिम स्वीकारोक्ति नहीं, बल्कि एक बहादुर आत्मा

का अंतिम आत्मालाप है। इसमें मृत्यु के प्रति डर नहीं, बल्कि थकान की ईमानदारी है।

17 मई 2024 से दो दिन पहले—

जब सारा अस्तित्व शांत था, भीतर ही भीतर कुछ टूट रहा था।

छाया ने धीमे स्वर में कहा:

"मैं अभी मरना तो नहीं चाहती,

लेकिन कष्ट मुझे मृत्यु को गले लगाने के लिए मजबूर कर रहा है।

मैं बार-बार कैंसर को हराती रही हूं।

इस बार मैं हार गई।

मेरे छोटे से जीवन की कहानी अब खत्म होने वाली है।"

उनके शब्दों में कोई शोर नहीं था, कोई शिकायत नहीं थी—

बस एक थकी हुई मुस्कान,

और विलक्षण शांति।

यह स्वीकार नहीं था, यह समर्पण भी नहीं था—

यह था एक योद्धा का आख़िरी प्रणाम।

हममें से बहुत लोग अपने अंत समय में शब्दों को खो बैठते हैं—

पर छाया ने जाते-जाते भी सच को शब्दों का रूप दिया।

उनका "छोटा जीवन" असल में बहुत बड़ा जीवन था।

उन्होंने जाते-जाते भी हम सबको जिंदा रहना सिखा दिया।

जब मौत दरवाज़े पर हो

मौत जब आपके दरवाज़े पर आकर खड़ी हो जाए और दस्तक देने लगे, तो आप क्या करेंगे?

आप कहेंगे, यह कैसी बात कर रहा हूं। लेकिन यह बात कोई डर फैलाने के लिए नहीं है।

यह बात जीवन की है—उस जीवन की जो सीमित है, लेकिन फिर भी अनमोल है। मैं बात उस घड़ी की कर रहा हूं जब डॉक्टर आपको शांत स्वर में बताते हैं कि कोई जानलेवा बीमारी—जैसे कैंसर—अब आपके जीवन का हिस्सा बन चुकी है।

एक क्षण में सब कुछ बदल जाता है। आंखों के सामने अंधेरा छा जाता है। सांसें उलझने लगती हैं, और मन एक ही सवाल करता है—अब क्या?

तो मेरा अनुभव कहता है:

अब जीना शुरू कीजिए।

बीमारी को भूल जाइए। मौत को भी थोड़ी देर के लिए दरवाज़े पर इंतज़ार करने दीजिए। और वह सब कीजिए जो जीवन की आपाधापी में छूट गया था। चाहे वो अधूरी किताब हो, कोई अधूरा ख़त हो, किसी सपने की डूबी हुई परछाई हो या फिर मन की कोई गूंज जिसे कभी शब्द नहीं मिल सके।

मेरी पत्नी कुमारी छाया ने यही किया। जब उन्हें कैंसर का पता चला, तो हमने सोचा था कि यह जीवन अब सीमित है। लेकिन उन्होंने इसे अपने शब्दों से विस्तार दे दिया। उन्होंने मौत के बीच से जीवन को खींच निकाला। एक-एक शब्द, एक-एक पंक्ति, जैसे उनके जीवन की अंतिम परछाइयों में उजास बन कर निकली। उन्होंने न केवल जिया, बल्कि जिंदगियों को छूने वाली चार किताबें लिखीं। "एक प्याली चाय," "मेरी उम्मीद की ओर," "ज़िंदगी अभी बाकी है," और "चाय सा हमसफ़र"—हर किताब उनके संघर्ष की, उनकी जिजीविषा की, उनकी आत्मा की गवाही है। उनका जाना एक अंतिम विराम था, लेकिन उनके शब्दों ने अनंत में जगह पाई।

इसलिए अगर आज मौत आपके दरवाज़े पर दस्तक दे, तो दरवाज़ा मत खोलिए। पहले अपनी अधूरी ज़िंदगी को पूरा कीजिए।

फिर मुस्कुराकर कहिए—अब चल सकते हैं। मेरा काम पूरा हो गया।

मां : मेरी शक्ति, मेरी छाया

- ऋतुराज रंजन

मां... ये केवल एक शब्द नहीं, एक संपूर्ण ब्रह्मांड है। हर किसी की मां उसके लिए खास होती है—लेकिन मेरी मां कुमारी छाया, मेरे लिए सिर्फ खास नहीं थीं, वे अनोखी थीं। वे मेरी दुनिया थीं, मेरी ताक़त, मेरी सबसे बड़ी पक्षधर। जब ज़िंदगी ने सवाल किए, मां ने उत्तर बनकर मेरा हाथ थामा। जब मैं असफल रहा, मां कभी मायूस नहीं हुईं—बल्कि मुस्कराकर कहा,

"मुझे अपना काम करना है, रिशु को अपना। वह कुछ खास करेगा, नाम करेगा... मैं जानती हूं।"

मां की ये अटूट आस्था मेरे जीवन की सबसे मजबूत नींव बनी। उनके शब्द मेरे भीतर गूंजते रहे, जैसे हर संघर्ष में उनका हाथ मेरे सिर पर हो। मेरी हर असफलता पर उन्होंने उम्मीद की चादर डाल दी और कहा—"ये सब बीतेगा, तुम बस चलते रहो।" मां... सिर्फ जन्म नहीं देतीं, वे जीवन को जीना भी सिखाती हैं। मेरी मां कुमारी छाया ने मुझे जीने का ढंग सिखाया—बिना शोर के, बिना किसी को नुकसान पहुंचाए, अपनी राह पर चलते हुए। जब भी पिताजी ने कहा—"तुमसे नहीं होगा,"

मां ने कहा—"जो अच्छा लगे, वही करना बेटा। किसी को नुकसान नहीं पहुंचाना। अपना काम करना... सब अच्छा होता रहेगा।"

सब कुछ ठीक चल रहा था... पर फिर ज़िंदगी ने करवट ली। मां को कैंसर हुआ। उस पल जैसे समय थम गया। लेकिन मां रुकी नहीं। उन्होंने रोना नहीं चुना, उन्होंने लिखना चुना। अपनी पीड़ा को उन्होंने कविता बना दिया, अपने आंसुओं को शब्दों में ढाल दिया। उनके भीतर का प्रकाश, बीमारी की अंधेरी सुरंग में भी जलता रहा। उनकी चार किताबें—'एक प्याली चाय', 'मेरी उम्मीद की ओर', 'जिंदगी अभी बाकी है', 'चाय सा हमसफर'— गवाही हैं उस साहस की जो शायद ही किसी ने देखा हो।

उनकी बातें किसी किताब की सीख नहीं थीं, बल्कि जिये हुए अनुभवों का निचोड़ थीं। वे जानती थीं कि जीवन फूलों की सेज नहीं, बल्कि संघर्षों की एक यात्रा है—फिर भी मुस्कराना, चलना, और दूसरों के लिए रोशनी बने रहना ही असली जिजीविषा है।

वे कहा करती थीं—

"जीवन में लाख परेशानियां आएं, घबराना नहीं। ज़िंदगी है, इसलिए मुश्किलें हैं। खूबसूरत तो ख्वाब हुआ करते हैं…"

इन वाक्यों में मां की पूरी शख्सियत समाई हुई थी—एक गहन आत्मविश्वास, शांत कर्मशीलता और अपार प्रेम। उन्होंने जीकर दिखाया कि कैसे विपत्तियों में भी गरिमा के साथ खड़ा रहा जा सकता है। जब उन्होंने कैंसर जैसी बीमारी का सामना किया, तब भी उनके होंठों पर शिकायत नहीं, बल्कि सृजन था। उनकी कलम कभी थमी नहीं। उन्होंने दुःख को कविता बना दिया, और दर्द को उम्मीद में बदल दिया।

आज उन्हें गए एक साल हो चुका है। पर सच कहूं तो… वे कहीं गई ही नहीं। मेरी सांसों में बसी हैं, मेरे लहजे में, मेरे ख्वाबों में।

उनके शब्द आज भी मेरे पास हैं, जब उन्होंने मुझसे कहा था—

"राजा बेटा रिशु ने मेरी वेबसाइट बनाई, किताब डिज़ाइन की। उसने मेरे शब्दों को एक सुंदर किताब का रूप दिया। मेरी कविताएं भी जैसे नाच उठीं चाय की प्याली में।"

यह एक मां की आंखों से निकली हुई वह चमक थी, जो बेटे के प्यार और प्रयासों में खुद को संपूर्ण देखती थी।

वे हमेशा कहा करती थीं—"बहुत सारा प्यार और आशीर्वाद।"

आज भी, जब मैं उनकी किताबें खोलता हूं, लगता है मां वहीं बैठी हैं, मुस्कुरा रही हैं— जैसे कह रही हों,

"मैं यहीं हूं, रिशु।"

उनकी आवाज़, उनका जीवन-दर्शन मेरे साथ है। हर बार जब मैं हिम्मत हारता हूं, एक हल्की-सी फुसफुसाहट कानों में आती है—

"खूबसूरत तो ख्वाब हुआ करते हैं बेटा… ज़िंदगी जीना है, तो सपनों के साथ चलना होगा।"

मीनू दीदी — मेरी आंखों का आकाश

- कुमारी खुशबू

"जो अपने जीवन की धूल भरी गलियों में भी दीप जलाए रखते हैं, वे समय के किसी भी कोने में,प्रेम और प्रेरणा की तरह अमर हो जाते हैं। छाया दीदी ने सिखाया — जिन आंखों से जीवन को देखा जाए, उनमें रोशनी और उम्मीद कभी नहीं बुझती।"

"छह बज गए,सब अंदर आओ!" हर दिन ठीक समय पर दरवाज़ा खुलता, और धूल-धूसरित बचपन को मीनू दीदी अपनी बांहों में समेट लेतीं। दुनिया उन्हें 'छाया' के नाम से जानती रही, पर मेरे लिए वह हमेशा 'मीनू दीदी' ही रहीं — बचपन से, आज तक।
हम कतार में लगते, हाथ-पांव धोते, और उनके पास बैठ जाते, जैसे चांदनी अपने चांद के पास लौट आती है।
कभी समझ ही नहीं आया कि दीदी खुद कब खेलती थीं? कब अपनी पढ़ाई करती थीं? बस हर सवाल का जवाब उनके पास पहले से सजा होता। हर कक्षा में अव्वल आती थी। हमारी हर छोटी-बड़ी चाहत, पापा के पास स्वीकृत कराना उनका ही अधिकार था। मुझे आज भी याद है —
जब स्कूल में कंप्यूटर कक्षा शुरू हुई थी, मैंने जाकर पापा से कहा। पापा ने दीदी को बुलाया — "क्या यह ज़रूरी है?" दीदी ने मुस्कुराकर कहा — "हां।" बस, उसी पल सब कुछ संभव हो गया।
मेरे लिए वह मां नहीं थीं, पर मां से कम भी कभी नहीं रहीं। कब सोना है, कहां जाना है, क्या पहनना है, क्या खाना है — सब उन्हीं की आंखों से तय होता था। एक बड़ी बहन ने अपना सारा बचपन गिरवी रखकर हमारे भविष्य के आंगन में दीप जलाए थे। मैंने इस दुनिया को बचपन से उन्हीं की आंखों से देखा। घर के हर काम में निपुण, हर हुनर में दक्ष — चाहे पढ़ाई हो या सिलाई, बुनाई हो या पेंटिंग,मेहंदी हो या रचनात्मकता — हर चीज़ में एक सौंदर्य, एक पूर्णता का भाव।
जब वह शिक्षिका बनीं, तो उन्होंने अपना समर्पण, अपना मातृत्व, अपने विद्यार्थियों पर उड़ेल दिया। आज भी उनके पढ़ाए हुए चेहरे उन्हें उतनी ही श्रद्धा से याद करते हैं। उनके हर जन्मदिन पर वो बच्चे केक और निश्छल प्रेम के साथ उपहार लिये उपस्थित होते। अपने सामर्थ्य और स्नेह से न जाने कितने ज़रूरतमंद विद्यार्थियों का सहारा बनीं उन्होंने न केवल एक शिक्षिका, बल्कि एक आदर्श जीवन दृष्टि का उदाहरण रखा।

और फिर एक दिन — उनकी चुप डायरी से कविताओं के परिंदे उड़ने लगे। बचपन से देखा था उन्हें, भूरी डायरी में लाल स्याही से कुछ रचते हुए। मैंने यू ही एक दिन एक एप्लीकेशन का ज़िक्र कर दिया — जहां वे अपनी कविताएं डाल सकती थीं। मैं तो भूल गई, पर कुछ ही दिनों में देखा — दीदी ने सौ से अधिक कविताएं रच डालीं।

जीवन की आपाधापी में दबी रचनाशक्ति को जैसे आसमान मिल गया। फिर तो उनके पंख इतने फैले कि पूरा आकाश उनका हो गया। उन्होंने किताबों की दुनिया रच दी। यहां तक कि अस्पताल के बिस्तर पर लेटे-लेटे भी वो कविताएं लिखती रहीं। उनकी कविताओं में न कहीं दर्द था, न शिकवा — बस जीवन की सुंदरता थी,

प्रकृति से प्रेम था, और जिजीविषा की चमक थी।

छाया — मीनू दीदी — अब मेरे लिए सिर्फ एक स्मृति नहीं, एक पूरी जीवित प्रेरणा हैं। उन्होंने सिखाया — "चाहे जीवन जितना भी नीचे खींच ले, हार मत मानो। जब तक सांस है, खुलकर जियो। क्योंकि जीना इसी का नाम है।"

पीड़ा के पार की यात्रा

- आनंद कुमार, वरिष्ठ पत्रकार, झारखंड

कुमारी छाया... एक नाम, जो मेरे जीवन में सहकर्मी राकेश रंजन के माध्यम से प्रवेश कर आया था। अप्रैल 2008 का वह महीना याद है जब मैंने हिन्दुस्तान अखबार के जमशेदपुर संस्करण में स्थानीय संपादक के रूप में पदभार संभाला था। राकेश रंजन तब सिटी डेस्क पर कार्यरत थे—कम बोलने वाले, अपने में सिमटे हुए, मगर अपने काम को साधना की तरह निभाने वाले।

समय की धाराएं बहती रहीं। नौकरी बदली, ठिकाने बदले, मगर राकेश जी से संवाद की डोर कभी टूटी नहीं। औपचारिकता की सीमाएं टूटकर कभी-कभी हमारे बीच घर-परिवार की बातें भी बह निकलतीं, और इन्हीं बातचीतों के अनायास प्रवाह में छाया जी की मधुर उपस्थिति भी जुड़ जाती।

समय की चुप्पी को 2020 ने अचानक चीर डाला। पूरी दुनिया पर कोविड 19 के रूप में मृत्यु का साया मंडरा रहा था,और उसी भयावह समय में राकेश जी ने एक और निजी तूफान की खबर दी—छाया जी को फेफड़ों का असाध्य रोग घेर चुका था,और वह भी अंतिम चरण में। मैंने राकेश जी को जूझते देखा - चिकित्सा से लेकर संबल तक, हर मोर्चे पर। पर जो सबसे विस्मयकारी था, वह था छाया जी का अडिग आत्मबल, वह अदृश्य लौ जो न थमती थी, न बुझती थी।

2022 के आसपास राकेश जी ने खबर दी—छाया जी ने एक किताब लिखी है—"एक प्याली चाय"। विमोचन का निमंत्रण आया, जो किसी औपचारिक आमंत्रण से कहीं अधिक एक भावनात्मक आग्रह था। फिर सिलसिला थमा नहीं—"मेरी उम्मीद की ओर", "जिंदगी अभी बाकी है", और "चाय सा हमसफ़र" जैसी किताबों ने जन्म लिया।

हर किताब एक साक्षी है—जीवन और मृत्यु के संधि स्थल पर खड़ी एक स्त्री की अदम्य जिजीविषा की। छाया जी ने पीड़ा को कागज पर शब्दों में उकेर दिया, और शब्दों को एक ऐसी अमरता दे दी जो देह की सीमाओं से परे है। उन्हें देखकर कोई अनुमान भी नहीं लगा सकता था कि भीतर कितने तूफान हैं। चेहरे पर मुस्कान, मन में उम्मीद, और हाथों में सृजन की गर्मी लिए वह अंतिम सांसों तक जिंदगी को चुनती रहीं। निराशा ने कई बार द्वार खटखटाया होगा, पर छाया जी ने हर बार उसे अपने शब्दों के उजाले से लौटा दिया। आज भले ही कुमारी छाया देहधारी रूप में हमारे बीच नहीं हैं, पर वह राकेश रंजन की आंखों की नमी में, रिशु की मुस्कान में, और उनकी किताबों के हर शब्द में जीवित हैं।

राकेश और छाया—दो अधूरी आत्माएं, जो एक-दूसरे को पूर्ण बनाती थीं और रिशु, उस पूर्णता का प्रतिबिंब, जिसमें छाया जी की छवि हर पल दमकती है। छाया कहीं गयी नहीं है... उन्होंने बस शब्दों का एक नया घर बसा लिया है। और जो प्रेम, संघर्ष और रचना में जीता है, वह कभी मरता नहीं।

47 साल बनाम 47 महीना

- देवेंद्र सिंह, वरिष्ठ पत्रकार, जमशेदपुर (झारखंड)

नवोदित रचनाकार और कवयित्री कुमारी छाया के गुजरे एक साल हो गये लेकिन उसका मुस्कुराता चेहरा आज भी वैसे ही नवल-धवल मेरे स्मरण पटल पद विद्यमान है। ऐसा लगता है कि थोड़ी देर में मेरे बगल वाले डेरे से निकलेगी और अभिवादन करते हुए स्कूल चली जायेगी जहां वह पढ़ाती थी।

उसका असमय जाना तो सबों खटका। खासकर एकमात्र इंजीनियर पुत्र रिशु और पत्रकार पति राकेश रंजन को। माता-पिता पर तो मानो दुखों का पहाड़ ही टूट पड़ा। लेकिन नियति को मौन टाल सका है जो परिवार के लोग टाल पाते। उसमें भी उस भयंकर बीमारी 'कैंसर' से।

लेकिन कैंसर से जूझते हुए छाया का जीना मिसाल बन गया। बीमारी में अक्सर लोग टूट जाते हैं लेकिन छाया ने बीमारी की पीड़ा को नई उर्जा में बदल दिया - वह था 'अक्षर यज्ञ' यानी रचनात्मक सृजन। बीमारी की अवधि में उसने कम से कम चार पुस्तकें रच डाली। उनका लोकार्पण कराया, वह भी हंसते-हंसते। कोई नया आदमी भांप नहीं पाता कि इस रचनाकार को कोई बीमारी भी है।

पुस्तक 'मेरी उम्मीद की ओर' में वह खुद लिखती है - 'हमें अपनी ख्वाहिशों के लिए थोड़ी जगह अवश्य रखनी चाहिए। अपने ख्वाहिशों के गुल्लक को छोटी-छोटी खुशियों से भरते रहना चाहिए... बड़ी प्रेरक पंक्तियां हैं, खासकर उनके लिए जो छोटे-छोटे दर्दों में भी आहोकराह से तिलमिला उठते हैं।

खैर, छाया के गुजर जाने से परिवार को तो अपूरणीय क्षति हुई, खासकर उस इकलौते मासूम बेटे को जिसने मां के आंचल से बाहर की दुनिया अभी देखी भी नहीं थी। मैं पूरी संवेदना के साथ कहना चाहता हूं कि जीवन बड़ा होना चाहिए, लंबा नहीं... हमने देखा है कि धूमिल 39 साल की जिंदगी में जो रच गए, फिर वैसा कोई नहीं आया। दुष्यंत कुमार 42 साल की अल्पावधि में जो मीनार स्थापित कर गए, कोई छू नहीं पाया। गोपाल सिंह नेपाली भी तो 52 साल की उम्र में निकल गए थे। लेकिन आज भी उनके गीत गर्व से गुनगुनाएं जाते हैं।

जाने वाला रुका कहां है? बस जितने दिन इस धरा पर रूके, कुछ ऐसा कर जाएं कि शरीर

भले छूट जाए लेकिन कीर्तियां जीने का अहसास कराते रहे। छाया का जाना भी कुछ ऐसा ही है। उसकी सच्ची श्रद्धांजलि होगी उसकी ख्वाहिशों को मूर्त रूप देना।

एक आत्मीय संवाद : जीवन से, शब्दों से, और अपने भीतर की रोशनी से

- निर्भय देवयांश, संपादक, लहक

कुमारी छाया अब दुनिया में नहीं हैं। एक योद्धा की लड़ते हुए दुनिया से गईं। संबंधों को करीने से निभाते हुए और जितना भी समय मिला जीवन को संवारते हुए छोटी - बड़ी खुशियों और मुस्कुराहट को बिखेरती हुई। यह जानकार कि उन्हें कैंसर हो गया है और जिंदगी चंद दिनों की मेहमान है, अपने जज्बे से, जिंदादिली से शब्दों से अपने को भरोसा देना, जिंदा रखना और जिंदा रखने के लिए लड़ते रहना, यह कुमारी छाया की कविताओं से सीख मिल सकती हैं। चाय शब्द उनके लिए हमदम शब्द हो गए थे। एक शब्द चाय और प्याली और मिठास में जिंदगी को संवारने की कला पैदा करने लगीं। एक से बढ़कर एक कविता संग्रह चाय शब्द लिये पाठकों के लिए मिठास के साथ। चाय शब्द और इन संग्रहों का साथ उनकी अंतिम सांस तक बना रहा। कई सारी योजनाएं बना रखी थीं। ईश्वर ने जब तक उन्हें सांस दी जब तक चाय की प्याली में मिठास बनी रही, जैसे ही प्रकृति को अपनी सांस की जरूरत पड़ी कवयित्री कुमारी छाया ने अपनी सांस उन्हें लौटा दी। कुमारी छाया के हमसफर वरिष्ठ पत्रकार संबंधों में काफी संवेदनशील राकेश रंजन के कंधे पर न सिर्फ यादों को जिंदा रखने की जिम्मेदारी है बल्कि पुत्र के लिए मां और पिता की बड़ी जवाबदेही निभानी है। राकेश रंजन मोर्चे के वो सैनिक हैं जो भी समय दायित्व सौंपे उससे पीछे नहीं हटते। वक्त के पार किताब को मैं राकेश रंजन जी द्वारा उसी संवेदना को बचाए रखने की पहल के तौर पर देख रहा हूं।

कुमारी छाया की छाया सदा बनी रहे हम सब के बीच और और इसी तरह से उन्हें याद करते रहेंगे।

शब्दों की वह छाया जो आज भी हमारे साथ है

- विशाल कुमार, बाजितपुर कुशाही, वैशाली (बिहार)

कुछ लोग हमारे जीवन में केवल रिश्तों के माध्यम से नहीं, बल्कि अपने विचारों, अपने जज़्बे और अपने शब्दों के ज़रिए प्रवेश करते हैं। कुमारी छाया मेरे गांव की बहू थीं, पर मैंने उन्हें सबसे पहले एक लेखिका के रूप में जाना—उनकी पहली कविता-संग्रह "चाय सा हमसफर" के माध्यम से।

उस पुस्तक के हर पन्ने में उनकी संवेदनशील आत्मा, नारी जीवन की जटिलता और जीवन के प्रति उनके सकारात्मक दृष्टिकोण की गूंज सुनाई दी। इसके बाद उनकी जो भी पुस्तक प्रकाशित हुई, मैंने उन्हें सहेजकर अपने पास रखा। कभी-कभी हमारी बात सोशल मीडिया पर भी हो जाती थी—वो संवाद संक्षिप्त होते थे, पर आत्मीयता से भरे होते। वह नारी शक्ति की जीती-जागती मिसाल थीं। एक जुझारू आत्मा, जो कभी हालातों के सामने नहीं झुकी। जीवन की कठिन राहों में भी उन्होंने अपने सपनों को जिया। अपने माता-पिता, पति और पुत्र के प्रति उन्होंने जो निष्ठा दिखाई, वह आदर्श है। लेकिन इससे भी अधिक उन्होंने अपने सपनों को कभी खुद से दूर नहीं होने दिया। यही बात उन्हें सबसे अलग और सबसे खास बनाती थी।

दुःखद यह रहा कि बहुत बाद में मुझे पता चला कि वह एक गंभीर बीमारी से जूझ रही हैं। और फिर वह दिन भी आया, जब वह इस संसार को छोड़ गईं। लेकिन उनका जाना केवल एक शारीरिक अनुपस्थिति है—वह आज भी अपने शब्दों, अपने विचारों और अपने जीवन के उदाहरण के रूप में हमारे बीच हैं।

आज, जब मैं उन्हें स्मरण करता हूँ, तो जयशंकर प्रसाद की यह कालजयी पंक्तियां अनायास स्मृति में आती हैं:

"नारी! तुम केवल श्रद्धा हो,
विश्वास-रजत-नग पगतल में।
पीयूष-स्रोत-सी बहा करो,
जीवन के सुंदर समतल में।"

और कैफ़ी आज़मी की नज़्म "औरत" की कुछ पंक्तियां जैसे उनकी ही कहानी कह रही
हों:

"रुत बदल डाल अगर फूलना फलना है तुझे,
उठ मिरी जान मिरे साथ ही चलना है तुझे।
क़द्र अब तक तिरी तारीख़ ने जानी ही नहीं,
तुझ में शोले भी हैं बस अश्क-फ़िशानी ही नहीं।
अपनी तारीख़ का उन्वान बदलना है तुझे,
उठ मिरी जान मिरे साथ ही चलना है तुझे।"

कुमारी छाया का जीवन एक ऐसी प्रेरणा है, जो आने वाली पीढ़ियों को यह सिखाता रहेगा
कि परिस्थितियां चाहे जितनी भी कठिन हों, अगर संकल्प सच्चा हो, तो कोई भी सपना
असंभव नहीं।
 मैं उन्हें हृदय से श्रद्धांजलि अर्पित करता हूं—जहां भी हों, उनका उजाला हमेशा हमारे
जीवन को आलोकित करता रहे।

छाया की खामोशी में गूंजते शब्द : एक अनुगूंज

- सरिता सिंह अरूणाभ, जमशेदपुर, झारखंड।

फेसबुक की पुरानी पोस्ट अब भी किसी हरे पत्ते की तरह झिलमिलाती है। कभी एक कविता, कभी कोई आत्मदर्शी विचार। मेज पर रखी "आरोहण-2" की किताब जब हवा के झोंके से अपने आप पलटती है, तो लगता है मानो शब्द बोल उठे हों। वह शब्द, जो मृत्यु से पहले भी जीवन की जिजीविषा को गूंजते रहे।

कुमारी छाया जी ने कहीं लिखा था—"कोरोना और कैंसर को विधाता ने शायद मेरी लेखनी को समृद्ध करने के लिए भेजा था।" यह कथन किसी साधारण स्वीकार नहीं, बल्कि उस गहन पीड़ा की परिणति है, जो कला में ढलकर अमर हो गई।

छाया जी ने जाते-जाते जीवन का सबसे बड़ा पाठ पढ़ा दिया—"परिस्थितियां चाहे जैसी हों, जीवन से हार नहीं माननी है।"

उन्होंने कहा—"मुझे अपना काम करना है।"

यह वही स्त्री थी, जिसने मृत्यु के ठीक एक दिन पूर्व स्वीकार किया,

"मैं अभी मरना नहीं चाहती, लेकिन कष्ट अब मृत्यु को गले लगाने को मजबूर कर रहा है। इस बार मैं हार गई।"

पर क्या सचमुच वह हार गई?

उनकी कविता—"मुस्कुराहट – तुम आना" में, जीवन की प्रतीक्षा है, प्रेम की पुकार है।

"तुम्हारे बिना जीवन व्यर्थ है... फिर भी आना तुम।"

रंगों को उन्होंने मन के भावों से जोड़ा।

"थोड़ा सुकून का रंग पीला, मुस्कुराहट का गुलाबी, प्रेम का लाल..."

ये रंग सिर्फ होली की नहीं, उनके अंतस के उत्सव की पहचान थे।

छाया जी की रचनाएं जीवन की धड़कनों से सिंचित थीं—

"सांसें अनवरत धड़कती हैं, उनका धड़कना ज़रूरी भी है।"

उनके लिए जीवन फूलों की पंखुड़ियों सा था—धीरे-धीरे झरता, लेकिन हर झरना एक यात्रा की ओर बढ़ता।

बारिश की हर बूंद उनके भीतर और बाहर एक साथ गिरती थी।

"कभी-कभी बारिश की बूंदें आपसे बातें करती हैं।"

यह पंक्ति उनके भीतर के सूक्ष्म संवाद की झलक है।

उनकी रचनाओं में प्रेम निरंतर बहता है—पति के लिए, पुत्र के लिए, और जीवन के लिए।

"गालों को छूता तुम्हारा झुमका… गुलाब की नाजुक पंखुड़ियां… ढेरों प्यार समेटे हुए…"

उनका प्रेम सीमाओं से परे था—असीम, अशेष।

और जब वे 'याद' की बात करती थीं, तो लगता था जैसे बीते मौसमों की खुशबू हवा में घुल गई हो।

छाया जी के शब्दों में एक खामोशी थी—जो अंदर के शोर को अभिव्यक्त करती थी।

उनकी कविताओं में प्रकृति, प्रेम, पीड़ा और पुनर्नवा आशा—सभी ने एक साथ सांस ली।

"हम हमेशा कविता नहीं लिखते," उन्होंने कहा था,

"उस वक़्त से गुज़रते हैं, जिस पर आगे कविता लिखी जानी है।"

और यही छाया की सबसे बड़ी उपलब्धि थी—उन्होंने अपने समय को जिया, उसे शब्दों में बांधा, और एक अनंत यात्रा की ओर प्रस्थान कर गईं, जहां उनकी कविताएं अब भी हमारे साथ चल रही हैं।

कुमारी छाया : साहस, संवेदना और सृजन की अमरता

- अंशुमन भगत, लेखक, जमशेदपुर (झारखंड)

"जब पीड़ा शब्द बन जाए, शब्द कविता, कविता कहानी, और वही कहानी अमरता की ध्वनि में ढलकर एक ऐसी पुस्तक बन जाए, जो समय से परे अपना स्थान पा ले।"

जीवन में कुछ मुलाक़ातें ऐसी होती हैं जो केवल क्षणिक परिचय नहीं होतीं, वे मन में बस जाती हैं, स्मृति में रच-बस जाती हैं और आत्मा से रिश्ता जोड़ लेती हैं। कुमारी छाया जी से मेरी पहली मुलाकात भी कुछ ऐसी ही थी।

यह बात उन दिनों की है जब मैं पहली बार राकेश रंजन जी से मिला था। वे तब दैनिक जागरण में संपादकीय टीम का हिस्सा थे। एक साक्षात्कार के सिलसिले में जब मैं उनके घर पहुंचा, तब उन्होंने बड़े सहज भाव से मुझे अपनी धर्मपत्नी, कुमारी छाया जी से परिचित कराया। वो मुलाक़ात औपचारिक नहीं थी, वो एक शांत और रचनाशील ऊर्जा से भरी हुई थी। उसी क्षण मुझे यह आभास हुआ कि छाया जी सिर्फ़ एक गृहिणी या शिक्षिका नहीं, बल्कि एक भावपूर्ण लेखिका हैं जो उस समय अपनी डायरी के पन्नों पर आत्मा के रंगों से शब्दों को रच रही थीं।

जब बाद में मुझे यह ज्ञात हुआ कि वे कैंसर जैसी गंभीर बीमारी से जूझ रही हैं, तो यह खबर मुझे झकझोर गई। लेकिन उससे भी अधिक चौंकाने वाला था उनका साहस और उनकी सृजनात्मक जीवटता। मैंने उसी समय निश्चय किया कि उनकी पहली पुस्तक "एक प्याली चाय" को प्रकाशित करवाने में जहां तक हो सके, मैं अपना पूरा सहयोग दूंगा। मेरे लिए यह केवल एक सहयोग नहीं था, बल्कि उनकी लेखनी के प्रति मेरी आस्था और उनकी आत्मशक्ति के लिए एक सच्चा सम्मान था। लेकिन यह शुरुआत भर थी। जो यात्रा उन्होंने आगे तय की, वह केवल साहित्यिक नहीं थी। वह आत्मा की यात्रा थी, संघर्ष की, प्रकाश की और सृजन की।

कैंसर जैसी बीमारी को छाया जी ने अपने शब्दों से मात दी। उन्होंने पीड़ा को कविता बनाया, आंसुओं को कहानी, और मृत्यु के साए को एक आत्मीय साथी मानकर भी जीवन को पूरी गरिमा से जिया।

उन्होंने सिर्फ़ लिखा नहीं, बल्कि उन्होंने अपने भीतर की आग को शब्दों में ढाल दिया। उनके लेखन में करुणा थी, लेकिन कमज़ोरी नहीं। उनमें आत्मस्वीकृति थी, परन्तु हार नहीं। वे जानती थीं कि जीवन सीमित है, पर लेखनी असीम हो सकती है। मुझे यह कहते हुए गर्व होता है कि मैं उनकी सृजनात्मक यात्रा का एक गवाह रहा हूं, कभी - कभार एक प्रेरक साथी, और अधिकतर एक मौन पाठक। जब "वक़्त के पार" जैसी पुस्तक आकार ले रही है, तो मेरा हृदय कहता है कि यह केवल एक श्रद्धांजलि नहीं है यह एक वसीयत है, जो छाया जी ने हम सबके लिए छोड़ दी है।

उनकी लेखनी आज भी मेरे मन में गूंजती है। जब मैं अपनी कलम उठाता हूं, तो मुझे वो हौसला याद आता है जिससे छाया जी ने हर शब्द लिखा। वह कहती थीं - "शब्द सिर्फ़ पंक्तियां नहीं होते, वे जीवन के पुल होते हैं, जिन पर चलकर हम मृत्यु को भी पार कर सकते हैं।" कुमारी छाया जी आज भी हर उस पाठक की आंख में हैं जो उनकी पंक्तियां पढ़ता है, हर उस लेखक की आत्मा में हैं जो पीड़ा को रचना में ढालने की कोशिश करता है। आप कहीं नहीं गईं। आपका लेखन, आपका प्रकाश, आपके शब्द हमेशा हमारे बीच रहेंगे। आपकी जीवंतता और आपके संघर्ष ने हमें यह सिखाया कि शब्दों की ताकत, जीवन से भी बड़ी हो सकती है।

कविता की पंखुरी में जीवन की उड़ान

- कमलाकांत पाण्डेय, वरिष्ठ पत्रकार, पटना (बिहार)

पटना से टाटानगर की दूरी रेल मार्ग से लगभग बारह घंटे की है,जबकि सड़क मार्ग से यह यात्रा नौ घंटे में पूरी हो जाती है। हवाई जहाज़ से,रांची होते हुए,ढाई घंटे में पहुंचा जा सकता है,परंतु यह योजना मुझे कभी रुचिकर नहीं लगी। जब यात्रा का उद्देश्य ही घूमना-फिरना और लोगों से मिलना-जुलना हो,तो फिर समय बचाकर क्या करना? वैसे भी,हवाई अड्डों की झंझटों की तुलना में मुझे ट्रेन और बस की सवारी कहीं अधिक सहज लगती है—बस झोला उठाया और जाकर सीट पर बैठ गए।

फिर सबसे बड़ा आकर्षण तो यही होता है कि यात्रा के दौरान कोई यादगार हमसफ़र मिल जाए—कोई ऐसी बात हो जाए जो जीवन भर स्मृति में रहे। हर बार ऐसा होता नहीं,पर पिछले एक दशक से मैं हर बार इसी उम्मीद में सफर पर निकलता रहा हूं। कौन जानता था कि इस बार की यात्रा योजना धरी की धरी रह जाएगी। वह कुमारी छाया,जो अक्सर फोन पर "कमला जी" कहकर आत्मीयता से बात करती थीं,जो बार-बार पूरे परिवार समेत टाटानगर आने का आग्रह करती थीं—उन्हीं से मिलने का सपना अब सदा के लिए अधूरा रह जाएगा।

मैंने कभी नहीं सोचा था कि इतनी जल्दी हमें अलविदा कहकर,एक शिक्षिका और लेखिका के रूप में शानदार जीवन यात्रा पूरी करने वाली कुमारी छाया,इस दुनिया में बस एक सुनहरी याद बनकर रह जाएंगी। शायद यही ईश्वर की नियति थी—जो हमें ऐसे पल दिखा रही है।

साफ-सुथरी रेल में, उतने ही स्वच्छ डिब्बे में यात्रा करने की एक सुखद कल्पना मन में बसेरा किए हुए थी—और समय,यूं ही बहता चला गया।

विश्वास था कि एक न एक दिन वह क्षण अवश्य आएगा। मन में विचारों का मंथन और यात्राओं की जिज्ञासा निरंतर बनी रही। पटना से टाटानगर के लिए रात की ट्रेन चलती है। लेकिन रात की यात्रा में मुझे नींद नहीं आती। मुझे तो खिड़की से बाहर झांकते हुए गांव-शहरों को दौड़ते देखना ज्यादा भाता है। लगता है जैसे मैं उन्हें जान तो नहीं पाया,पर छूकर ज़रूर निकल गया हूं। यह लंबी दूरी की ट्रेन केवल बड़े शहरों और कुछ निर्धारित स्टेशनों पर ही रुकती है,और ज़रूरी सुविधाएं भीतर ही उपलब्ध होती हैं।

मैंने सहयात्रियों पर एक सरसरी नज़र डाली। दो ऊपर की बर्थ पर थे और दो नीचे—यानी कुल मिलाकर पांच यात्री। लेकिन किसी के चेहरे पर कोई भाव नहीं। सभी बंगाली समुदाय के लग रहे थे,और आपस में भी कोई संवाद नहीं कर रहे थे। यह घटना कोई ग्यारह-बारह वर्ष पुरानी होगी। तारीख़ मुझे अब ठीक-ठीक याद नहीं है।

उस समय मैं समकालीन तापमान—पटना से प्रकाशित एक हिंदी मासिक पत्रिका—में विशेष संवाददाता के रूप में कार्यरत था। रिपोर्टिंग के अलावा मुझे कुछ ज़िलों में स्थित समाचार एजेंटों और उन बुक स्टॉल्स से, जहां पत्रिका की प्रतियां बिकती थीं, संग्रहण (पैसे वसूलने) का दायित्व भी सौंपा गया था। यह अतिरिक्त कार्य संपादक श्री अविनाश चंद्र मिश्र ने मुझे सौंपा था—थोपा था, कहें तो अधिक ठीक होगा। हालांकि मुझे यह काम भी बहुत रुचिकर लगता था,क्योंकि इससे लोगों,स्थानों और उनकी सामाजिक-सांस्कृतिक पृष्ठभूमि को नज़दीक से देखने का अवसर मिलता था।

उसी यात्रा के दौरान मैंने देखा कि कोई यात्री नाइट लैम्प की हल्की रोशनी में एक पुस्तक पढ़ रहा है,तो दूसरा अपने मोबाइल फोन में डूबा था। एक महिला,उम्र की बात छोड़िए—महिलाओं की उम्र कहीं दर्ज की जाती है क्या?—सोने की पूरी तैयारी में थी।

मैं अपनी दृष्टि का कटोरा हाथ में थामे,जैसे ”भिक्षाम् देहि” मुद्रा में सबको निहार रहा था,और ये सब जैसे इस यात्रा में अकेले होने के लिए ही चढ़े हों। पहले ही पल में ऐसा लगने लगा जैसे भोजन की पहली ग्रास में ही मक्खी मिल गई हो। यात्रा की शुरुआत,आशा के ठीक उलट हुई। निराशा से भरी थकी हुई आंखें कब झपक गईं, इसका भान भी नहीं रहा।

झटके से नींद खुली तो देखा—सूरज खिड़की से भीतर झांक रहा था।

सुबह का नाश्ता करना मेरी आदत में शुमार है, इसलिए यात्रा में निकलते समय मैं अपना इंतज़ाम साथ लेकर चलता हूं। तरोताज़ा होकर झोले में से देशी घी में बने शुद्ध सत्तू के पराठे निकाल लिए। ये कई दृष्टियों से उपयोगी होते हैं—साधन भी और कभी-कभी संबंधों की शुरुआत के लिए माध्यम भी। अनुभव से कहूं तो, ये पराठे कई बार मछली फंसाने के लिए चारे की तरह भी काम कर चुके हैं।

भाषा भले ही बाधा बन जाए—यहां न अंग्रेज़ी चलती है,न ही बांग्ला की कोई ख़ास पहुंच है—लेकिन स्वाद और खुशबू के लिए कभी किसी दुभाषिए की ज़रूरत नहीं पड़ती। इशारों-इशारों में ही लोग बहुत कुछ समझ जाते हैं। मैंने सत्तू पराठे का एक टुकड़ा रोल करके पास बैठे अधेड़ व्यक्ति की ओर मुस्कान के साथ बढ़ाया। उन्होंने मुस्कुरा कर 'चारा'

स्वीकार कर लिया—अब वे सत्तू पराठा समर्थक बन चुके थे। पर दृश्य में नया मोड़ तब आया,जब उन्होंने वह पराठा आगे,पास बैठी महिला की ओर बढ़ा दिया। महिला ने पहले उसकी जांच-पड़ताल की,फिर छोटा-सा कौर लिया। आंखों में हल्की शरारत के साथ उस अधेड़ को संकेत दिया कि यह "खाने योग्य" है। इस तरह अब बचे हुए पराठे का सफर उस पुरुष तक पहुंचने का रास्ता खुल चुका था। हम तीनों जाग रहे थे,जबकि बाकी दो सहयात्री कब से खरटि लेकर यात्रा को "साउंड ट्रैक" दे रहे थे।

मैंने दूसरा पराठा गोल किया और मुस्कान के साथ इशारों में पूछा, "और दूं?" उनकी आंखों में सत्तू पराठा की चमक स्पष्ट दिख रही थी। मैंने एक और रोल बनाकर दोनों की ओर बढ़ा दिया,और वे उसे आपस में आधा-आधा बांटकर खाने लगे। अब मुझे पूरा भरोसा हो गया कि बचा हुआ सफर आनंदमय बीतेगा।

बातों-बातों में पता चला कि वे दोनों 15 दिन की यात्रा पर निकले हैं। उनका एक बेटा है,जो कंप्यूटर से जुड़ा कुछ कार्य करता है—क्या करता है, यह उन्हें खुद भी स्पष्ट नहीं। जानने की कोशिश भी शायद कभी नहीं की। दोनों ही सेवानिवृत्त हैं,और स्वतंत्रता से जीवन जी रहे हैं—बस यूं ही घूमते-फिरते। उन्हें अंग्रेज़ी नहीं आती। बंगाली बोलते हैं,और टूटी-फूटी हिंदी समझ लेते हैं। लेकिन मोबाइल ट्रांसलेटर के ज़रिए संवाद करना उन्हें भली-भांति आता है।

जब उन्होंने सुना कि मैं पटना से हूं,तो उनकी आंखों में एक आत्मीय चमक आ गई—मानो कह रही हो, "बांग्ला-बिहार, भाई-भाई।" बताया कि उनकी शादी को तीस साल हो चले हैं —जिस भाव और सहजता से उन्होंने यह साझा किया,उससे यही प्रतीत हुआ कि यह प्रेम-विवाह ही रहा होगा। उम्र का अनुमान करते हुए मैं उनकी जीवन यात्रा की धुन में रमने लगा। उन्हें भारतीय फिल्मों का जबर्दस्त शौक था। उनका बेटा मिथुन चक्रवर्ती का दीवाना था। वैसे भी उन दिनों बंगाल में मिथुन का ही सिक्का चलता था। 'डिस्को डांसर' का गीत जिमी-जिमी तो मानो आरती या राष्ट्रगीत जैसा ही सम्मान पा चुका था। इसके बाद राज कपूर,दिलीप कुमार, शत्रुघ्न सिन्हा, अमिताभ बच्चन, शम्मी कपूर, राजेश खन्ना —कई सितारों पर बातें होती रहीं... और इसी गुफ़्तगू में टाटानगर स्टेशन भी आ गया।

सफर वहीं समाप्त हो गया, लेकिन कुछ दृश्य और कुछ संवाद स्मृतियों में रच-बस गए —बस, वही रह गईं यादें।

टाटानगर को यूं ही लौहनगरी नहीं कहा जाता। समकालीन तापमान के प्रसार से जुड़ा कार्य तो था ही, साथ ही एक और महत्वपूर्ण उद्देश्य था—वरिष्ठ पत्रकार राकेश रंजन और

उनकी लेखिका पत्नी, कुमारी छाया से भेंट। रेलवे स्टेशन से गोलमुरी की ओर रवाना हुआ। वे दोनों जमशेदपुर के नामदा बस्ती,गोलमुरी में किरायेदार के रूप में रहते थे। यह स्थान गोलमुरी थाना से कुछ ही फर्लांग की दूरी पर था। पहली बार उनके घर जाना था, सो राकेश जी को फोन मिलाया। उधर से एक परिचित-सी गर्माहट के साथ आवाज़ आई —"मीनू (उनकी पत्नी का पुकार नाम) अभी आपको याद ही कर रही थी।" फिर उन्होंने सहज आत्मीयता में कहा—"कहां हैं आप? वहीं रहिए, हम आ रहे हैं।"

कुछ ही देर में मैं उनके किराये वाले घर पर पहुंच गया। कुमारी छाया से आमने-सामने होते ही लगा जैसे किसी अपने से लंबे अरसे बाद मुलाकात हुई हो। उनके चेहरे पर सहजता और आत्मीयता की ऐसी आभा थी, जो सीधे दिल को छू जाती थी। उन्होंने मुस्कुरा कर कहा, "कमला जी, आइए न! आप तो बहुत दिनों बाद पधारे हैं। न जाने कितनी बार कहा होगा जमशेदपुर आने को,लेकिन हर बार कोई न कोई बहाना बनाकर टालते रहे। अब तो पकड़ में आ ही गए हैं। पूरे एक सप्ताह आपको यहीं रहना है, और लौहनगरी की मिट्टी को पहचान कर ही लौटना है।" आतिथ्य और अपनत्व से लबालब उस घर में मन लग गया,लेकिन आदतन मन फिर भी गुल (चबाने वाला तंबाकू) निकालने से खुद को रोक न सका। इधर गुल की तैयारी चल रही थी, उधर मैं ट्रेन यात्रा और बंगाली सहयात्रियों के दिलचस्प अनुभव राकेश जी को सुनाता जा रहा था। इतने में कुमारी छाया स्नैक्स और चाय लेकर प्रकट हो गईं। उन्होंने मुस्कराते हुए तंज किया, "अभी तक गुल की ही कर रहे हैं?" मैंने झेंपते हुए बेसिन की ओर रुख किया,कुल्ला किया और फिर चाय की प्याली के साथ स्नैक्स उठाए। इसके बाद यात्रा के पूरे वृत्तांत में कुमारी छाया भी सहभागी हो गईं। कहानियां, हंसी, और चाय की चुस्कियों में कब दोपहर के बारह बज गए,पता ही नहीं चला। फिर मैं उठकर न्यूज़पेपर एजेंट एन.के. दूबे और रेलवे बुक स्टॉल के राय जी के पास गया। वहां "समकालीन तापमान" पत्रिका के प्रसार से जुड़ा हिसाब-किताब निपटाना था, ताकि काम ख़त्म होते ही फिर से राकेश जी और कुमारी जी के साथ पटना की पुरानी स्मृतियों में खोया जा सके। मन में हल्का-सा कौतूहल बना ही हुआ था कि राय जी का नाती 'लक्की' रेलवे बुक स्टॉल पर आ पहुंचा। सारा हिसाब-किताब हुआ, पैसे दिये और मैं वापस चल पड़ा—गोलमुरी स्थित उस घर की ओर, जहां अपनत्व मेरा इंतज़ार कर रहा था।

वैचारिकी के स्तर पर राकेश रंजन और कुमारी छाया जी से मेरी कभी कोई मतभिन्नता नहीं हुई। वर्ष 1999 के जून माह में समकालीन तापमान से मेरा जुड़ाव तब हुआ, जब मैंने

अमृतवर्षा हिंदी दैनिक से अपना नाता तोड़कर वहां रिपोर्टर के रूप में योगदान किया। उसी संस्थान में पहले से ही राकेश रंजन सहायक संपादक की भूमिका में सक्रिय थे। जुलाई माह में ही मैंने शिल्पी-गौतम प्रकरण पर एक विशद लेख लिखा,जिसका संपादन स्वयं राकेश जी ने किया। मैंने तथ्यों की शुद्धता और प्रस्तुति में कोई कोताही नहीं बरती थी। शायद इसी कारण,उनके साथ एक गाढ़ा और स्थायी लेखकीय संबंध बन सका,जो आज तक वैसा ही बना हुआ है।

संभवतः उस समय के कुछ ही महीने पहले राकेश जी और कुमारी छाया का विवाह हुआ था। धीरे-धीरे राकेश जी के माध्यम से कुमारी छाया जी से भी आत्मीयता बढ़ती चली गई। उस समय वे हाजीपुर के दिग्घी मोहल्ले में अपने परिवार संग निवास करते थे,और वहीं से पटना स्थित सिन्हा लाइब्रेरी रोड के आत्मकथा परिसर में नियमित रूप से कार्यालय आया-जाया करते थे। दिग्घी स्थित उनके आवास पर मुझे कई बार विश्राम और संवाद का अवसर मिला। कुमारी छाया जी को पहली बार देखकर ही यह अनुभव हुआ था कि वे एक भावनात्मक गहराई रखने वाली,धर्मपरायण,कर्तव्यनिष्ठ, और गहरे मानवीय संवेदना से परिपूर्ण महिला हैं। शिक्षिका बनने से बहुत पहले ही उनके भीतर रचनात्मक अभिव्यक्ति के बीज अंकुरित हो चुके थे—यह उनकी बातों और भाव-भंगिमाओं से साफ झलकता था।

उसी कालखंड में उनके दांपत्य जीवन में एक नया उजास आया—पुत्र रत्न की प्राप्ति हुई, जिसका नाम रखा गया ऋतुराज रंजन। आज ऋतुराज एक अभियंता बनकर बंगलोर के एक निजी संस्थान में कार्यरत है, और पिता राकेश रंजन के साथ एक साये की तरह खड़ा है। लेकिन समय ने एक दिन वह पल भी दिखाया,जब इसी ऋतुराज की आंखों के सामने उसकी मां कुमारी छाया कैंसर जैसी असाध्य बीमारी से लड़ते-लड़ते थक गईं। फिर भी,अंतिम समय तक वह एक आश्वस्त मां बनी रहीं—हर किसी को यह भरोसा देती हुई कि वह ठीक हो जाएंगी। अपने पति, पुत्र, माता-पिता और मित्रों के लिए वे स्वयं एक प्रेरणा बन गईं—संघर्ष का, उम्मीद का और संवेदना का जीवंत पाठ।

आज जब पीछे मुड़कर देखता हूं, तो लगता है—उन्होंने अपनी शिक्षकीय उड़ान को जिस लेखकीय विस्तार में बदला, वह किसी चमत्कार से कम नहीं था। कैंसर जैसी पीड़ा को पार करते हुए, उन्होंने एक नहीं, चार-चार पुस्तकें दुनिया को दीं—एक प्याली चाय, मेरी उम्मीद की ओर, जिंदगी अभी बाकी है, और चाय सा हमसफर। ये कृतियां न केवल साहित्यिक उपलब्धियाँ हैं, बल्कि उनके साहस और सृजनशीलता की अमिट छाया हैं।

शब्दों की साधिका बनने की यात्रा

लेखिका कुमारी छाया का जन्म 2 मार्च 1977 को एक ऐसे परिवार में हुआ, जहां मेहनतकशों के हक़ की लड़ाई को जीवन का उद्देश्य माना जाता था। उनकी माता श्रीमती वीणा देवी और पिता रमेश कुमार सिंह मजदूरों के अधिकारों के लिए हमेशा सजग और संघर्षशील रहे। ऐसे परिवेश में जब पहली संतान के रूप में कुमारी छाया ने जन्म लिया, तो पूरा घर जैसे लक्ष्मी के आगमन से आलोकित हो उठा। वह परिवार की सबसे बड़ी संतान थीं—अपने भाई-बहनों की लाडली,और माता-पिता की सबसे करीबी विश्वासपात्र। पालन-पोषण, शिक्षा और नैतिकता—हर स्तर पर उन्हें श्रेष्ठ संस्कार मिले। उनका बाल्यकाल सामाजिक चेतना,अनुशासन और प्रेम के त्रिवेणी संगम में पला-बढ़ा। शैक्षणिक जीवन में उन्होंने विज्ञान विषय में स्नातकोत्तर तक की शिक्षा प्राप्त की,और फिर जमशेदपुर शहर में एक शिक्षिका के रूप में अपने पेशेवर जीवन की शुरुआत की। लेकिन शिक्षिका की भूमिका निभाते हुए भी उनके भीतर एक और संसार धीरे-धीरे आकार ले रहा था—कविता का संसार। कविता उनके लिए केवल भावों की अभिव्यक्ति नहीं थी,बल्कि वह उनके भीतर चल रही आत्मिक हलचलों की जुबान बन चुकी थी। उनकी कविताओं में एक ओर मधुरता,आत्मीयता और स्मृति की कोमल छाया दिखती है,तो दूसरी ओर साहस, प्रेरणा और संघर्ष की लौ भी जलती नज़र आती है। यह कहना कोई अतिशयोक्ति नहीं होगी कि उनकी कविताएं केवल शब्दों का संकलन नहीं, बल्कि जीवन-संघर्ष के दौरान जिया गया एक जीवंत दस्तावेज़ हैं। वे कविताएं आशा और आत्मबल की संजीवनी बनकर पाठकों तक पहुंचीं—और शायद यही कारण था कि जब वे स्वयं कैंसर जैसी असाध्य बीमारी से जूझ रही थीं, तब यही कविताएं उनके लिए दवा की तरह कार्य कर रही थीं।

वर्ष 2024 के 17 मई को, जब उन्होंने अपने परिवार और इस दुनिया को अंतिम विदाई दी, तब तक उनकी चार काव्य-संग्रह प्रकाशित हो चुकी थीं: 'एक प्याली चाय', 'मेरी उम्मीद की ओर', 'ज़िंदगी अभी बाकी है', और 'चाय सा हमसफ़र'। मुझे आज भी वह दिन याद है जब उनका कोई नया कविता संग्रह प्रकाशित होता,तो सबसे पहले सूचना मुझे ही मिलती थी— जैसे कोई अपने सबसे प्रिय मित्र को कोई अनमोल उपहार दिखाना चाहता हो।

लौहनगरी की एक कोमल लौ

लौहनगरी जमशेदपुर में जन्मी और वहीं पली-बढ़ीं कुमारी छाया न केवल शिक्षा के क्षेत्र में निपुण थीं, बल्कि वे अपने भीतर एक समर्पित साहित्य-साधिका को भी संजोए हुए थीं। उन्होंने शिक्षा की गूढ़ता को आत्मसात किया और अपने विद्यार्थियों को जीवन का पाठ पढ़ाने के साथ-साथ संवेदना का भी अर्थ समझाया। उनके पिता रमेश कुमार सिंह और माता श्रीमती वीणा सिंह, समाजसेवा और श्रमिक कल्याण के लिए सतत सक्रिय रहे, जिनके विचारों और जीवन-दृष्टि की छाया ही उन्हें 'कुमारी छाया' बना गई। उनके पति राकेश रंजन,एक संवेदनशील पत्रकार और वैशाली की धरती के लाल हैं,जिनकी उपस्थिति ने कुमारी छाया के साहित्यिक जीवन में गहराई और विस्तार जोड़ा। यह कहना अनुचित नहीं होगा कि घर और कलम—दोनों ही मोर्चों पर उन्होंने सामंजस्य और सौंदर्य का अद्भुत संगम रचा। तेरह वर्षों तक वे जमशेदपुर के कदमा, शास्त्रीनगर स्थित आदर्श बाल मध्य उच्च विद्यालय में एक समर्पित अध्यापिका रहीं। उनकी सादगी,स्पष्टता और करुणामय व्यवहार उन्हें विद्यार्थियों और सहकर्मियों के बीच विशेष प्रिय बनाते थे। विज्ञान में स्नातकोत्तर और बीएड की डिग्री होते हुए भी, उनके हृदय में हिंदी साहित्य के प्रति गहरी अनुरक्ति थी। वे मानती थीं कि— "विज्ञान तर्क सिखाता है,पर साहित्य मन को उर्वर बनाता है।"

उनका स्वास्थ्य कुछ वर्षों से लगातार संघर्षशील रहा, पर उन्होंने कभी हार नहीं मानी। घर पर रहकर स्वास्थ्य को प्राथमिकता देने के दौरान भी उनका रचनात्मक मन सक्रिय रहा। प्रकृति से उनका अनुराग,जीवन के प्रति सकारात्मक दृष्टिकोण और गहन आत्म-संवाद ने उन्हें कोरोना महामारी के लॉकडाउन काल में एक नई दिशा दी— कविता-संग्रह की दिशा। इस दौरान उन्होंने प्रकृति,अनुभव और संवेदना की छोटी-छोटी कविताओं और शायरियों को समेटते हुए एक पुस्तक तैयार की— जिसका नाम "एक प्याली चाय" था। यह पुस्तक 3 सितंबर 2021 को ऑथर्स ट्री पब्लिकेशन,छत्तीसगढ़ द्वारा प्रकाशित हुई औ प्रकाशन के अगले ही दिन AMAZON BESTSELLER की श्रेणी में दर्ज हो गई। यह केवल एक काव्य-संग्रह नहीं था—बल्कि एक संघर्षशील आत्मा की दवा थी। कविताओं के जरिये उन्होंने यह बताया कि— "जब दुनिया से दूरी बनी हो, तो प्रकृति और आत्मचिंतन से एक नई दुनिया बनाई जा सकती है। लेखन मेरे लिए औषधि है—जो मुझे भीतर से स्थिर और बाहर से संजीवनी देती है।" "एक प्याली चाय" ने उन्हें न केवल

साहित्यिक पहचान दी, बल्कि पाठकों के हृदय में भी एक विशेष स्थान दिलाया। यह पुस्तक महज़ कविता-संग्रह नहीं थी, यह एक अंतःप्रेरणा का दस्तावेज़ थी। उस महामारी के सन्नाटे में,जब दुनिया भीतर से टूट रही थी, कुमारी छाया अपने शब्दों के माध्यम से टूटे हुए मनों में उम्मीद बो रही थीं।

संबंधों की प्रगाढ़ताः एक आत्मीय कड़ी

कुमारी छाया और राकेश रंजन के परिवार का साथ हमेशा एक अद्वितीय कड़ी के रूप में बना रहा— यह न केवल पेशेवर संबंधों से,बल्कि वैचारिक एकता और मन से जुड़ी आत्मीयता से भी था। इन दो परिवारों के बीच एक विशेष तालमेल था,जो दशकों तक बनी रही। उनका बेटा, ऋतुराज रंजन उर्फ रिशु,और मेरा बेटा कमलेन्दू के बीच महज़ तीन महीने का फासला था, जिसके कारण इन दोनों की दोस्ती और एक-दूसरे के प्रति अपनापन और भी गहरा था। हर जन्मदिन, हर खुशी में, ये दोनों हमेशा चर्चा का केंद्र होते थे। आज, ऋतुराज कम्प्यूटर के क्षेत्र में अग्रणी भूमिका निभा रहा है, जबकि कमलेन्दू फूड टेक्नोलॉजी में अपनी शिक्षा के अंतिम दौर में है। कुमारी छाया इन दोनों के बारे में हमेशा दिलचस्पी से पूछती थीं और उनके हालचाल जानने की चेष्टा करती थीं। मुझे याद है,जब पटना से जमशेदपुर शिफ्टिंग के दौरान,कुमारी छाया और उनका परिवार मुझसे मिलने हमारे मछुआ टोली स्थित आवास पर आये थे। रात का विश्राम वहीं हुआ था। उसी दौरान कुमारी छाया की मां वीणा देवी और उनके पिता रमेश कुमार सिंह भी हमें आशीर्वाद देने के लिए हमारे घर आये थे। इन मुलाकातों में गहरी आत्मीयता और पारिवारिक संबंधों की गर्माहट साफ़ झलकती थी। इन अनुभवों से यह स्पष्ट था कि दो परिवारों के बीच सिर्फ पेशागत नहीं,बल्कि संबंधों का एक सजीव समन्वय था। जब कभी भी पटना से जमशेदपुर जाने का मौका मिलता,रमेश बाबू के घर जरूर जाता,और कई बार वहीं विश्राम भी किया। उनका पिता तुल्य स्नेहाशीष आज भी हमसे जुड़ा हुआ है,और कुमारी छाया के निधन के बावजूद,यह रिश्ता वही अडिग और अटूट है। मुझे पूर्ण विश्वास है कि यह प्रगाढ़ता और आत्मीयता हमेशा बनी रहेगी,और दोनों परिवारों के बीच वह प्यार और आदर कभी कम नहीं होगा।

बहरहाल,कैंसर जैसे असाध्य रोग होने के वाबजूद पहली पुस्तक'एक प्याली चाय' 2021 में पाठकों के बीच आने के साथ लेखिका कुमारी छाया की लेखनी में और धार आ गयी।

छह महीने के अंतराल में वर्ष 2022 में 11 फरवरी को दूसरी कविता संग्रह 'मेरी उम्मीद की ओर' प्रकाशित होकर हम जैसे को हतप्रभ कर गयी। पहली पुस्तक का लोकार्पण पूर्व विधायक कुणाल षाड़ंगी ने किया था। झारखंड के पूर्व मुख्यमंत्री और बाद में ओडिशा के राज्यपाल बने रघुवर दास ने भी पुस्तक को सराहा था और लेखिका को शुभकामनाएं दी थी। इस पुस्तक का लोकार्पण 25 मार्च को जमशेदपुर पूर्वी के तत्कालीन विधायक सरयू राय के कर-कमलों से सम्पन्न हुआ था। इस कविता संग्रह की चर्चा ऐसी चली कि कविता प्रेमियों के साथ-साथ अन्य बुद्धिजीवियों ने भी हाथों हाथ उठा लिया। प्रकृति सौंदर्य और उसके स्वरूप का विषाद वर्णन कविता के रुप में किया गया था। इसके दौरान वह अपने-आप को जीवंत कविता से शारीरिक,मानसिक और बौद्धिक क्षमता को बढ़ाये रखने में सफल रहीं। कुमारी छाया में जागृत लेखकीय उड़ान दसवें महीने में तीसरी पुस्तक के रुप में मूर्त रूप ले ली। वर्ष 2023 के शुरुआती माह के प्रथम सप्ताह छह जनवरी को 'जिंदगी अभी बाकी है' नामक कविता संग्रह प्रकाशित हुई। इस पुस्तक की सृजनात्मक कोशिश तब फलीभूत हो रही थी जब कैंसर से जंग लड़ते हुए जमशेदपुर, रांची और कोलकाता तक दौड़ लगा रहीं थी। वाबजूद, इसके वह तनिक भी अपने लक्ष्य से डिगी नहीं और इसी साल चौथी पुस्तक की पृष्ठभूमि तैयार कर दी, जिसे नौ महीने बाद 13 सितम्बर को लोकार्पित किया गया। इस काव्य संग्रह का नाम 'चाय सा हमसफ़र' उस कविता के आधार बिंदु पर सोच कर लेखिका कुमारी छाया ने रखी थी। इसकी एक बानगी के तौर पर आप जैसे सुधी पाठकों, जनों और शुभचिंतकों के लिए अवलोकनार्थ प्रस्तुत है-

चाय और बिस्कुट,
हम और तुम,
एक-दूसरे के लिए,
एक-दूसरे में डूब जाने के लिए,
बिना सवाल मोहब्बत किए जाने के लिए,
हम साथ हो तो क्या गिला इस जहां से,
मुकम्मल हुए एक-दूसरे को पा के...

इस तरह अंतर्मुखी लेखकीय मन सतह पर प्रस्फुटित हो उठी कि एक पर एक चार पुस्तकें महज़ तीन साल के दौरान मूर्त रूप देकर साहित्य जगत में एक अलग पहचान

बनाते हुए ऐसे अदृश्य हो गयी कि सिर्फ यादें शेष रह गयी हैं। वैसे, कैंसर जैसी बीमारी के ग्रास बनते असंख्य लोगों को देखें होंगे लेकिन इस तरह के कैंसर पीड़ित कुमारी छाया को नहीं देखे होंगे जो कभी हार नहीं मानी और परिवार को भी सदा हौसला बुलंद करने हुए अलविदा कह गयीं। कुमारी छाया आज भी जहां कहीं भी हैं- जिंदा हैं, जिंदा रहेंगी और इतिहास बनकर भी देश और समाज के बीच प्रेरणा बिखेरती रहेंगी। भावपूर्ण श्रद्धांजलि के साथ। फिर कभी...

कुमारी छाया का साक्षात्कार

"मैं चुप हो गई थी। जैसे किसी ने मेरी आवाज़ छीन ली हो। पर कुछ ही पलों में मेरे माता-पिता का चेहरा, मेरे बेटे की हंसी और पति की आंखें याद आईं… और मैंने तय किया—डरूंगी नहीं।"

'सच्चा प्रेम वह होता है, जो अंत की आहट में भी दूसरे के जीवन की चिंता करे। मृत्यु की दस्तक यदि जीवन के सुरों को और गहरा कर दे, तो वह जीवन हार नहीं, गान बन जाता है — और यही छाया की अमर छाया है।'

"जब कोई स्त्री जीवन की कड़वाहट को शब्दों की मिठास से ढक देती है, तब वह कवयित्री नहीं, एक ज्योति बन जाती है—जो मृत्यु के बाद भी बुझती नहीं। कुमारी छाया ऐसी ही ज्योति थीं।"

"मैं वो छाया हूं, जो उजाले में दिखती नहीं… पर अंधेरे में राह दिखा जाती है।"

"वह लोग जो हमारी मदद का दिखावा करते हैं, अक्सर हमें सिर्फ अपने स्वार्थ के लिए उपयोग करते हैं। लेकिन सच्चे रिश्ते वही होते हैं, जो समय और संकट में भी एक-दूसरे का साथ निभाते हैं।"

"कुछ खबरें शरीर को नहीं,आत्मा को छूती हैं - और वहीं से साहस की शुरुआत होती है।"

जीवन की चाय

"जब जीवन की तपिश बढ़ती है, कुछ आत्माएं शीतल छांव बन जाती हैं। कुमारी छाया ऐसी ही एक आत्मा थीं—साहस, सृजन और संवेदना की प्रतीक।"

यह साक्षात्कार वरिष्ठ पत्रकार शशांक शेखर द्वारा लिया गया था, जो मशाल न्यूज पर प्रसारित हुआ। यह सिर्फ एक बातचीत नहीं, बल्कि एक जीवंत दस्तावेज़ है उस स्त्री की जो मृत्यु से नहीं, जीवन से प्रेम करती थी। इस संवाद में छिपा है उनका लेखकीय आत्मविश्वास, उनका शैक्षणिक समर्पण, उनका सामाजिक सरोकार और सबसे बढ़कर— उनका वह निडर स्वर जो कहता है कि बीमारी के आगे झुकना मना है।

यह बातचीत उस समय की है जब उनकी पहली पुस्तक "एक प्याली चाय" प्रकाशित हो चुकी थी (03 सितंबर 2021) और वह कैंसर से जूझ रही थीं। फिर भी, उनका उत्साह, उनकी रचनात्मक ऊर्जा और उनका सृजन धर्म पाठकों को भीतर तक छू जाता है।

शशांक शेखर: सबसे पहले तो आपको बहुत-बहुत बधाई आपकी पहली पुस्तक एक प्याली चाय के लिए।

कुमारी छाया: बहुत धन्यवाद। यह मेरे लिए एक सपना था जो पूरा हो गया। पहली बार जब अपनी कविता को पुस्तक रूप में देखा, तो एक अजीब-सी खुशी हुई। जैसे जीवन के सारे दुख, सारी पीड़ा उस क्षण में शांति में बदल गई हो।

प्रश्न: लेखनी की ओर यह यात्रा कैसे शुरू हुई? प्रेरणा कहां से मिली?

उत्तर: मेरी सबसे पहली प्रेरणा मेरे माता-पिता रहे हैं। हिंदी से प्रेम बचपन से ही रहा, जबकि मैं विज्ञान की छात्रा रही हूं और विज्ञान विषय की शिक्षिका भी हूं। लेकिन हिंदी मेरे लिए आत्मा की भाषा थी। मेरी कविताएं उसी आत्मा की आवाज हैं।

प्रश्न: प्रकाशन का सफर कैसा रहा?

उत्तर : बहुत सहयोग मिला। ऑथर्स ट्री पब्लिकेशन छत्तीसगढ़ से है, उनसे मेरा परिचय अंशुमन भगत जी के माध्यम से हुआ। दोनों ने मेरी रचना को समझा और साथ दिया। उनकी मदद से ही ये सपना साकार हो पाया।

प्रश्न : आपकी शिक्षा-दीक्षा और परवरिश?

उत्तर : मूलतः मैं बिहार के वैशाली जिले के घोसबर की हूं लेकिन जन्म जमशेदपुर में हुआ। यहीं पढ़ाई भी हुई—टिस्को स्कूल, साकची, फिर केपीएम इंटर कॉलेज, ग्रेजुएशन ग्रेजुएट कॉलेज से। और फिर शादी बिहार के वैशाली जिले के बाजितपुर गांव में हुई और हाजीपुर में रहना हुआ तो पोस्ट ग्रेजुएशन बिहार से किया। बीएड झारखंड से। जमशेदपुर मेरे लिए सिर्फ शहर नहीं, मेरा आत्मीय स्थान है।

प्रश्न : शिक्षिका बनना क्या इत्तेफाक था या निर्णय?

उत्तर : नहीं, यह सोच-समझकर लिया गया निर्णय था। पढ़ाना मेरे लिए सेवा जैसा है। समाज को देने का एक रास्ता। जब तक स्वास्थ्य ने साथ दिया, बच्चों के बीच रही। अब भी स्कूल से जुड़ी हूं। वे मुझे याद करते हैं, बुलाते हैं—ये मेरे लिए बहुत बड़ी बात है।

प्रश्न : कोविड के कठिन समय में आपने रचनात्मकता कैसे संजोई?

उत्तर : जब कोविड का दौर शुरू हुआ, मैं खुद अस्पताल में थी—लगभग एक महीना भर्ती रही। उस वक्त कविता मेरे लिए औषधि बन गई। मैंने चाहा कि मेरी रचना दूसरों के दुख को भी हल्का करे। अस्पताल के उस नकारात्मक माहौल में भी कविता मुझे सकारात्मक बनाए रखती थी।

प्रश्न : जीवन की आपकी परिभाषा?

उत्तर : सब जीते हैं, लेकिन कुछ अलग करना जरूरी है। ईश्वर ने सबको कोई न कोई खासियत दी है। उसे दबाना नहीं चाहिए। खुद को पहचानना चाहिए। अच्छी सोच रखनी चाहिए, धैर्य और संयम रखना चाहिए।

प्रश्न : एक प्याली चाय से कुछ सुनाना चाहेंगी?

उत्तर : ज़रूर।

"जिंदगी ने कहा सुकून मांगो मुझसे

और मैंने कहा, एक प्याली चाय दूंगी।"

इस कविता में वही भाव है—सुकून, जिसे हम अक्सर अनदेखा कर देते हैं। चाय एक प्रतीक है उस सुकून का।

प्रश्न : स्वास्थ्य की जटिलता के बावजूद लेखन में निरंतरता अद्भुत है। परिवार की भूमिका?

उत्तर : मेरे माता-पिता, बहन-भाई, पति और बच्चों का अपार सहयोग रहा। उन्होंने कभी मेरी लेखनी को बोझ नहीं समझा। बीमारी के दौरान भी जब मैंने कहा कि मुझे लिखना है, उन्होंने मुझे प्रोत्साहित किया।

प्रश्न : समाज की वर्तमान स्थिति पर आपकी नज़र?

उत्तर : बेटियों के प्रति जो दुर्व्यवहार हो रहे हैं, वे मुझे बहुत दुख देते हैं। एक स्वस्थ समाज तभी बन सकता है जब हर बेटी सुरक्षित हो। हमें सोचना होगा, और आगे आकर बदलाव लाना होगा।

प्रश्न : युवाओं के लिए आपका संदेश?

उत्तर : किताबों से जुड़िए। ज्ञान बढ़ाइए। मोबाइल से भी सीखिए, लेकिन केवल मनोरंजन के लिए नहीं। पढ़ने और सोचने की आदत बनाइए। यही समाज को बदलेगा।

शशांक शेखर (अंत में) : आपकी बातों से प्रेरणा मिली। आप जैसे लोग कठिन समय में भी आशा की मिसाल बनते हैं। आपकी अगली रचनाओं का हमें इंतजार रहेगा।

कुमारी छाया : बहुत-बहुत धन्यवाद।

"इस साक्षात्कार को पढ़ते हुए ऐसा लगता है जैसे छाया आज भी हमारे सामने बैठी हों— मुस्कुराते हुए, शांत स्वर में जीवन के पाठ पढ़ा रही हों।"

उन्होंने कहा था—"कविता मेरे लिए औषधि है।"

और सचमुच, यह शब्द अब हम सबके लिए औषधि बन चुके हैं। उनके विचार, उनकी रचनाएं, उनकी यह बातचीत आने वाली पीढ़ियों को यह सीख देती हैं कि कठिन समय में भी हम रच सकते हैं, जी सकते हैं, और पीछे कुछ

ऐसा छोड़ सकते हैं जो मृत्यु से भी बड़ा हो।

कुमारी छाया अब नहीं हैं, लेकिन यह साक्षात्कार उनका जीवंत प्रतिरूप बन चुका है—जो हमेशा कहेगा:

"जिंदगी ने कहा सुकून मांगो मुझसे, और मैंने कहा—एक प्याली चाय दूंगी।"

मुझे बहुत खुशी होगी अगर मेरी बातें किसी एक व्यक्ति को भी हिम्मत दे सकें

" कुमारी छाया का साक्षात्कार"

द मीडियापुर वाला की पत्रकार कृतिका के साथ - वर्ष 2022

प्रश्न : सबसे पहले तो मैम, आप अपनी हेल्थ के बारे में बताइए। तबीयत कैसी है आपकी?

उत्तर : मैं अब ठीक हूं कृतिका, लेकिन कुछ साल पहले बहुत गंभीर स्थिति में थी। 2020 में जब कोविड शुरू ही हुआ था, तभी अचानक मेरी तबीयत बिगड़ने लगी। शुरुआत में मैंने इसे हल्के में लिया, पर जब इलाज शुरू हुआ, तब बायोप्सी टेस्ट में पता चला कि मुझे लंग कैंसर है, और वह भी लास्ट स्टेज में। सौभाग्य से अच्छे डॉक्टर्स समय रहते मिल गए और इलाज शुरू हो गया। अब भी मेरी कीमोथेरेपी जारी है, लेकिन मैं पहले से काफी बेहतर महसूस कर रही हूं।

संवेदना सूत्र: बीमारी जब दस्तक देती है, तो जीवन ठहरता नहीं—वो एक नई गति खोजता है। डर के बीच उम्मीद की लौ जलाना ही असली जीवटता है।

प्रश्न : तो अभी भी आप कीमोथेरेपी के लिए जाती रहती हैं?

उत्तर : हां, अभी भी कीमोथेरेपी के लिए जाती हूं। लेकिन अब आप देख रही हैं, मैं पहले से कहीं ज्यादा बेहतर हूं। 2020 में तो एक महीना मर्सी हॉस्पिटल में भर्ती थी। तब मेरे लंग्स में इंफेक्शन था और बहुत ही बुरी हालत हो गई थी। उसी दौरान यह साफ हुआ कि लंग्स कैंसर है।

संवेदना सूत्र : कभी-कभी बिस्तर पर पड़ी देह भी भीतर की चेतना को झकझोर देती है, और वहीं से जीवन के पुनर्निर्माण की शुरुआत होती है।

प्रश्न : अभी तो काफी रिकवरी दिख रही है?

उत्तर : हां, रिकवरी हो रही है और खासकर इसलिए क्योंकि मैंने फिर से लिखना शुरू किया है। लेखन मेरे लिए एक दवा बन गया है। कीमोथेरेपी के साथ-साथ मेरी कविताएं और किताबें मुझे मानसिक शक्ति दे रही हैं। वो मुझे अंदर से सकारात्मक बनाए रखती हैं।

संवेदना सूत्र: कभी शब्द दवा बन जाते हैं और कलम मरहम—जब जीवन खुद एक खुली किताब बन जाए, तो लिखना सिर्फ साहित्य नहीं, आत्मा की चिकित्सा बन जाता है।

प्रश्न : आमतौर पर इतनी गंभीर बीमारी में लोग डिप्रेशन में चले जाते हैं, लेकिन आपको देखकर लगता है आप नॉर्मल लोगों से भी ज्यादा पॉजिटिव हैं?

उत्तर : धन्यवाद ! मैं चाहती हूं कि लोग ऐसा ही सोचें। बीमार होना कोई विकल्प नहीं होता, पर उससे जूझने का तरीका हमारे हाथ में होता है। बीमारी केवल शरीर को नहीं, मन और आत्मा को भी झकझोरती है। लेकिन अगर हम सकारात्मक सोचें, अपने भीतर की रोशनी को जलाए रखें, तो वही सोच हमें उबरने की शक्ति देती है। मैं मानती हूं कि अगर हम सिर्फ नकारात्मक सोचते रहेंगे, तो जीवन भी उसी राह पर चला जाएगा। इसलिए हमेशा कुछ ऐसा करना चाहिए, जिससे भीतर अच्छा महसूस हो—चाहे वो लेखन हो, सिंगिंग हो या कोई हॉबी। यह आपके मन को विचलन से दूर रखता है।

संवेदना सूत्र : सकारात्मकता कोई आदर्श वाक्य नहीं, एक अभ्यास है—दर्द में भी सौंदर्य ढूंढ़ने की कोशिश।

प्रश्न : आपने कहा कि आप जब कीमोथेरेपी के लिए जाती हैं, तो वहां भी लोगों को मोटिवेट करती हैं?

उत्तर : हां, वहां बहुत से ऐसे पेशेंट मिलते हैं जो मान चुके होते हैं कि अब जीवन में कुछ बचा नहीं है। पर मैं हमेशा यही कहती हूं कि यही तो शुरुआत हो सकती है। जैसे मेरे साथ हुआ। एक बार मैं डॉक्टर कुमार सौरव जी को किताब गिफ्ट करना चाहती थी। जब मैंने बताया कि यह किताब मैंने खुद लिखी है, तो वे बहुत खुश हुए। उन्होंने मुझे कहा कि आप ऐसे ही लिखते रहिए, एक दिन आप बिल्कुल ठीक हो जाएंगी।

संवेदना सूत्र : उम्मीद तब सबसे प्रबल होती है जब वो टूटे हुए दिलों में पलती है और थक चुके हाथों से बांटी जाती है।

प्रश्न : आपकी फैमिली से आपको किस प्रकार का सहयोग मिला?

उत्तर : मेरे पति राकेश रंजन, जो खुद एक पत्रकार हैं, उन्होंने हमेशा मेरा मार्गदर्शन किया, खासकर भाषा और लेखन में। मेरा बेटा, जो सॉफ्टवेयर इंजीनियर है, उसने मुझे तकनीकी रूप से सशक्त किया—वेबसाइट बनाई, बुक डिज़ाइन की। मेरे माता-पिता, भाई-बहन सभी ने हौसला दिया। मेरे लिए यही मेरा परिवार है, मेरी प्रेरणा हैं।

संवेदना सूत्र : परिवार वही होता है जो बीमारी के शोर में भी चुपचाप तुम्हारे लिए उम्मीद के गीत गाता रहे।

प्रश्न : इससे पहले आप क्या करती थीं? क्या आप हाउसवाइफ थीं या कोई और काम करती थीं?

उत्तर : मैं एक साइंस टीचर थी—बायोलॉजी पढ़ाती थी। टीचिंग मेरा पैशन रहा है। जमशेदपुर के कदमा में भारतीय तरूण संघ संचालित आदर्श बाल मध्य एवं उच्च विद्यालय में पढ़ाती थी। मुझे हिंदी भी बेहद पसंद है, इसलिए मैं खुद स्कूल में एक पीरियड हिंदी पढ़ाने की भी जिद करती थी।

संवेदना सूत्र : शिक्षक होना केवल विषय पढ़ाना नहीं होता, वह जीवन की पाठशाला में आत्मा का दीपक जलाना होता है।

प्रश्न : आपकी किताबें अब बेस्टसेलर की सूची में हैं। लेखन की शुरुआत कैसे हुई?

उत्तर : शुरुआत तो 2018 में ही हुई थी। तब फेसबुक और सोशल मीडिया पर लिखना शुरू किया। छोटी-छोटी कविताएं और पोस्ट डालती थी, लोग बहुत पसंद करते थे। फिर जब 2020 में बीमारी का पता चला और इलाज शुरू हुआ, तब यह लेखन एक ज़रूरत बन गया—एक थेरेपी, जो मुझे मानसिक तौर पर स्वस्थ रखता था। वहीं से पहली किताब "एक प्याली चाय" की नींव पड़ी।

संवेदना सूत्र: कभी-कभी लेखन शौक से नहीं, संत्रास से जन्मता है—और फिर वह काग़ज़ पर गिरा हर शब्द जीवन का अनुवाद बन जाता है।

प्रश्न : "एक प्याली चाय"—नाम ही बहुत खूबसूरत है। इसके पीछे कोई विशेष विचार था?

उत्तर : हां, बिल्कुल। जब मैं इलाज के दौरान थकी होती थी, तब अक्सर चाय पीकर कुछ देर लिखने बैठ जाती थी। वहीं से खयाल आया कि क्यों न उस अनुभव को एक किताब का नाम बना दूं? "एक प्याली चाय" बस एक प्रतीक है—उस सुकून और आत्म-संवाद का, जो दर्द के बीच भी मिल सकता है।

संवेदना सूत्र : चाय की प्याली में अक्सर सिर्फ स्वाद नहीं, समर्पण और सोच की भाप भी होती है—जो मन की थकान उतार देती है।

प्रश्न : आपकी दूसरी किताब "मेरी उम्मीद की ओर" भी लोगों ने बहुत सराही। उसके बारे में कुछ बताइए।

उत्तर : यह किताब मेरे कैंसर के इलाज और उससे उपजी भावनाओं की डायरी जैसी है। इसमें मेरी कविताएं हैं, और वो तमाम खामोश जद्दोजहद जिसे मैं हर दिन झेल रही थी। "उम्मीद" मेरे लिए सिर्फ एक शब्द नहीं था, वह जीने की ज़मीन थी। इस किताब में वही

उम्मीद है—हर पन्ने पर।

संवेदना सूत्र : उम्मीद एक कविता होती है, जो आंसुओं की स्याही से नहीं, भीतर की रोशनी से लिखी जाती है।

प्रश्न : तो मैम, अब आप अगली कौन सी किताब पर काम कर रही हैं?

उत्तर : अब तक मेरी दो किताबें कविता संग्रह के रूप में आई हैं। अब मैं कुछ ऐसा लिखना चाहती हूं जो थोड़ा कविता से अलग हो—जैसे कैंसर। क्योंकि मुझे लगता है कि लोग अभी भी इस बीमारी को लेकर बहुत जागरूक नहीं हैं। मेरा जो व्यक्तिगत अनुभव रहा है—इलाज, लेखन, जीवनशैली—मैं चाहती हूं कि उसे साझा करूं ताकि लोग इससे जुड़ें और जागरूक हों। यह सिर्फ किताब नहीं होगी, शायद किसी की ज़िंदगी में रौशनी बन जाए।

संवेदना सूत्र : जब पीड़ा को शब्द मिलते हैं, तब वो सिर्फ कहानी नहीं रहती वो चेतना बन जाती है, जो औरों को रास्ता दिखाती है।

प्रश्न : आपको तो परिवार और दोस्तों का भरपूर सहयोग मिला, लेकिन क्या आपको लगता है कि हर महिला को ऐसा ही प्लेटफ़ॉर्म मिल पाता है?

उत्तर : नहीं, बिल्कुल नहीं। ज़्यादातर महिलाओं को ऐसा प्लेटफ़ॉर्म नहीं मिल पाता। हमारे समाज में बदलाव आया है, लेकिन सोच अब भी जड़ से नहीं बदली है। कई बार शादी के बाद महिलाएं खुद ही मान लेती हैं कि अब बस, यही जीवन है। पर मेरा मानना है कि शादी, बच्चे, परिवार सब ज़रूरी हैं, लेकिन अपनी ख़्वाहिशें भी ज़रूरी हैं। मैंने अपनी किताब "मेरी उम्मीद की ओर" में कुछ पंक्तियां लिखी हैं, जो मैं हर महिला को सुनाना चाहती हूं—

"ख़्वाहिशें कभी शोर नहीं मचाती,

वो चुपके से आती हैं,

वो दरवाज़े को नहीं, खिड़की खटखटाती हैं,

चांदनी में धुली हुई, हृदय पर दस्तक देती हैं।"

मतलब, आपकी ख़्वाहिशें आपको आवाज़ नहीं देंगी, पर वो आपके भीतर धीरे-धीरे दस्तक ज़रूर देंगी। उन्हें समझना, पहचानना और समय देना ज़रूरी है।

संवेदना सूत्र : ख्वाहिशें चुपचाप आती हैं, लेकिन अगर उन्हें सुन लिया जाए तो वो आपको वहां ले जाती हैं जहां आप होने के हक़दार हैं।

प्रश्न : ऐसी महिलाएं जो आपके जैसी कठिन परिस्थितियों से जूझ रही हैं, उन्हें आप क्या

एक संदेश देना चाहेंगी?

उत्तर : मैं यही कहना चाहती हूं कि अपने जीवन को कभी छोटा मत समझिए। कभी मत सोचिए कि जीवन थम गया है या हम कुछ कर नहीं सकते। भगवान ने हर किसी को कोई न कोई ख़ासियत दी है—उसे खोजिए, सहेजिए, और साझा कीजिए।

आप एक सकारात्मक कदम बढ़ाइए, फिर देखिए—आपके साथ सौ कदम जुड़ जाएंगे। अपने सपनों को दबाइए मत—उन्हें पंख दीजिए। शादी हो, बच्चे हों, जिम्मेदारियां हों— सभी ज़रूरी हैं, लेकिन आप भी ज़रूरी हैं।

संवेदना सूत्र : जिस दिन एक महिला अपने सपनों की ओर पहला कदम बढ़ाती है, उसी दिन वो सिर्फ अपने लिए नहीं, आने वाली पीढ़ियों के लिए भी रास्ता खोल देती है।

पत्रकार कृतिका: आपने जिस तरह अपनी किताबों, अपने शब्दों और अपने जीवन से हमें सिखाया है कि कैसे दर्द में भी सुंदरता देखी जा सकती है, वो प्रेरणादायक है। हमारी ऑडियंस, खासकर महिलाएं, आपसे बहुत कुछ सीखेंगी।

कुमारी छाया : मुझे बहुत खुशी होगी अगर मेरी बातें किसी एक व्यक्ति को भी हिम्मत दे सकें। जीवन चलता रहेगा—मुश्किलें आएंगी, लेकिन उन मुश्किलों के साथ ही रास्ते भी निकलेंगे। बस चलते रहिए।

संवेदना सूत्र : कुछ लोग किताबें लिखते हैं,और कुछ अपनी ज़िंदगी को ही किताब बना देते हैं —कुमारी छाया ने दोनों कर दिखाया।

जब जीवन थमने लगे,
तो शब्दों से सांस लेना सीख लो

"कभी-कभी ज़िंदगी हमें उस मोड़ पर लाकर खड़ा कर देती है, जहां से कोई रास्ता आसान नहीं होता। लेकिन वहीं से शुरू होती है एक ऐसी कहानी, जो सिर्फ़ दुख नहीं, दिशा भी देती है। मैं आपको आज मिलवाऊंगा एक ऐसी स्त्री से जो सिर्फ़ जीवन नहीं, मृत्यु को भी जी गई। और इस सफ़र में जिसने हमें सिखाया कि 'अलविदा' का मतलब हमेशा 'ख़त्म' नहीं होता। "

लहक डिजिटल के संपादक निर्भय देव्यांस से बातचीत - वर्ष 2023

नमस्कार! आज हम कवयित्री कुमारी छाया जी के साथ बातचीत कर रहे हैं। छाया जी कैंसर से पीड़ित हैं और लगातार इस रोग से जूझते हुए इसे मात दे रही हैं। उनके अब तक तीन काव्य संग्रह प्रकाशित हो चुके हैं : एक प्याली चाय, मेरी उम्मीद की ओर और जिंदगी अभी बाकी है। तो, छाया जी, आप अपने बारे में कुछ बताइए और यह भी बताइए कि इस खतरनाक बीमारी से आप किस तरह जूझ रही हैं, ताकि हमारे दर्शकों को इससे कुछ लाभ मिले और हम आपके संघर्ष को जान सकें?

कुमारी छाया : जी, बिल्कुल। वर्ष 2020 से मैं इस रोग से ग्रसित हूं। मुझे लिखना बचपन से ही बहुत पसंद था, लेकिन स्कूल, घर और अन्य जिम्मेदारियों के कारण मैं ज्यादा नहीं लिख पाती थी। फिर कोरोना आया और मैं बीमार भी पड़ी, जिससे मुझे थोड़ा समय मिल गया। अस्पताल में लंबी भर्ती के दौरान मैंने लिखना शुरू किया। बीमार होने के बावजूद लेखन ने मुझे सकारात्मक ऊर्जा दी। लिखते-लिखते मेरे पास कविताओं का एक बड़ा संग्रह बन गया। एक बार ऐसा हुआ कि मैं एक महीने तक अस्पताल में रही, तो मेरे परिवार और कुछ अन्य लोगों ने कहा कि मेरी कविताओं को प्रकाशित किया जाए ताकि अन्य लोग भी उन्हें पढ़ सकें और महसूस कर सकें जो मैं महसूस करती हूं।

इस पर मैंने 2021 में अपनी पहली पुस्तक एक प्याली चाय प्रकाशित की। मुझे चाय पर लिखना बहुत अच्छा लगता है, हालांकि मैं ज्यादा चाय नहीं पीती, लेकिन इस विषय पर लिखना हमेशा प्रेरणादायक लगता है। इस संग्रह में करीब 25-26 कविताएं चाय पर हैं। इस किताब ने अमेजन पर बेस्टसेलर का दर्जा भी हासिल किया।

मेरे कैंसर के इलाज के दौरान यह किताब मेरी सकारात्मकता का हिस्सा बन गई। जैसे-जैसे किताब को लेकर लोग मुझसे जुड़ते गए, मुझे भी बहुत ऊर्जा मिली। तो एक प्याली चाय मेरे इलाज के साथ जुड़ी एक औषधि की तरह थी। उसी दौरान मेरी दूसरी किताब मेरी उम्मीद की ओर प्रकाशित हुई, जिसमें 100 कविताएं हैं, जो उम्मीद, प्रकृति और जीवन के संघर्षों पर आधारित हैं।

मुझे लगा कि लोगों को मेरी कहानियां और विचार पढ़ने चाहिए, इसलिए मेरी तीसरी किताब 'जिंदगी अभी बाकी' है 6 जनवरी 2023 को प्रकाशित हुई। यह किताब पूरी तरह मेरे अपने अनुभवों पर आधारित है, जिसमें कैंसर से जूझते हुए मैंने जो महसूस किया, उसे लिखा है। मेरा मानना है कि ऐसी किताबें उन लोगों के लिए प्रेरणा दे सकती हैं, जो किसी न किसी बीमारी या समस्या से जूझ रहे हैं।

पहली बार कैंसर का पता कब चला?

कुमारी छाया : कैंसर के बारे में पहली बार 2020 में पता चला। शुरुआत में सीने में दर्द था, जिसे मैंने सामान्य समझा। एक्स-रे और अल्ट्रासाउंड के बाद डॉक्टर ने बताया कि मेरे लंग्स में पानी है। पहले डॉक्टर ने इसे टीबी कहा, लेकिन बाद में बायोप्सी से यह पुष्टि हुई कि मुझे लंग कैंसर है। इसके बाद मेरा इलाज रांची में हुआ। फिर पटना एम्स में सर्जरी की संभावना पर विचार किया, लेकिन वहां से पता चला कि मुझे ओवरी कैंसर भी है। इसके बाद इलाज के लिए कोलकाता के टाटा मेडिकल सेंटर में जाने का निर्णय लिया और 6 जनवरी 2023 को ओवरी की सर्जरी हुई। जब मैं बहुत बीमार थी, तो कभी-कभी लगता था कि जीवन में बहुत कुछ बचा है, बहुत कुछ करना है, और यही सोच मुझे जीवित रहने की प्रेरणा देती थी। सर्जरी के बाद अब मैं सामान्य जीवन जी रही हूं और विश्वास करती हूं कि इस बीमारी के बावजूद जीवन का संघर्ष जारी रखना चाहिए।

'जिंदगी अभी बाकी है' किताब में आपने क्या संदेश दिया है?

कुमारी छाया : यह किताब मेरे दिल के बहुत करीब है। मैंने इसमें वो सारे अनुभव लिखे हैं जो अस्पताल के बेड से लेकर घर की चारदीवारी तक फैले हुए हैं। यह एक आत्मस्वीकृति है कि—हां, मैं बीमार हूं, लेकिन मैं जीवित भी हूं। और जब तक ज़िंदगी है, तब तक उसका हर दिन जिया जाना चाहिए। संवेदना सूत्र समझाने की कोशिश करें तो यह कि बीमारी ज़िंदगी को विराम नहीं देती, वो उसे विराम चिन्ह बनाकर आगे बढ़ने का रास्ता देती है—" जिंदगी अभी बाकी है" यही उसकी घोषणा है। मैंने हर खंड के शुरुआत और अंत में छोटी-छोटी प्रेरणादायक पंक्तियां जोड़ी हैं, ताकि पढ़ने वाले को सकारात्मक

ऊर्जा मिले। मेरी यही कोशिश है कि जो भी इस किताब को पढ़े, उन्हें लगे कि अगर मैं कैंसर जैसी गंभीर बीमारी से लड़ सकती हूं, तो वे भी अपनी मुश्किलों से पार पा सकते हैं।

अंत में, आपकी क्या सलाह है?

कुमारी छाया : मेरी सलाह यह है कि चाहे परिस्थितियां जैसी भी हों, हमें कभी निराश नहीं होना चाहिए। अपने विश्वास और आत्मबल को मजबूत रखें। मैंने खुद अनुभव किया है कि आत्मविश्वास और धैर्य से जीवन में कोई भी मुश्किल आसान हो जाती है। 6 जनवरी को हुई सर्जरी के बाद, आज 22 मार्च को मैं आपके साथ बातचीत कर रही हूं, यह केवल विश्वास और उम्मीद की ताकत है।

पहली पुस्तक : एक प्याली चाय

- समीक्षक : ब्रजेश वर्मा, पत्रकार, लेखक

दुनिया की बहुत सारी समस्याएं सिर्फ एक प्याली चाय से हल की जा सकती हैं। यकीन मानिए यदि आप किसी को अपने घर पर आमंत्रित करते हैं और साथ बैठकर सिर्फ एक प्याली चाय पीते हैं, तो यकीनन आप मुश्किलों को हल कर सकते हैं।

लेखिका कुमारी छाया, जो झारखंड के जमशेदपुर की निवासी हैं और विज्ञान की शिक्षिका हैं, ने लगभग 200 पेज के अपनी कविता संकलन को "एक प्याली चाय" में ही समेट दिया। दिखने में यह महज एक छोटी सी बात लगती है, किन्तु उनके इस काव्य संकलन के फलक चाय की प्याली में तूफान खड़े कर सकते हैं। व्यक्तिगत रूप से हमें किताब का शीर्षक "एक प्याली चाय" इसलिए पसंद आई कि यह इस कविता संग्रह को आसानी से याद रखने वाली एक बाग बनाती है। अरबी भाषा में एक कहाबत भी है, "किताब इंसान के हाथ में एक बागीचे की तरह सुशोभित होती है।"

आजकल चाय पर बहुत चर्चा हुआ करती हैं। चाय के बारे में, जहां तक हमारी जानकारी है, यह दुनिया में पानी के बाद सबसे अधिक पी जाने वाली चीज है। भारत, श्रीलंका, बांग्लादेश के अलावा चीन, ईरान, तुर्की और इंग्लैंड में यह तहजीब से पी जाती है। चीन और इंग्लैंड में तो इसके पीने के नियम भी कठोर हैं, यहां तक कि ब्रिटिश प्रधानमंत्री चर्चिल, जो काफी मोटे थे तो उनकी सुबह की चाय के लिए एक खास किस्म का टेबल बनाया गया था जो उनकी तोंद पर फिट बैठती थी और वे अपने बिस्तर पर बैठकर ही सुबह की पहली चाय पीते और दूसरे विश्वयुद्ध की खबरें पढ़ते। किन्तु अपना भारत चाय के मामले में थोड़ा अव्यवस्थित है, जहां न जाने चाय पर कितने अविष्कार हुए। तो, ऐसे में यदि कोई कवियत्री अपनी पहली पुस्तक का शीर्षक "एक प्याली चाय" रखकर पाठकों के सामने खूब व्यवस्थित तरीके से अपनी रचनाओं को पेश करती हैं तो यकीन मानिए इसमें कुछ तो बेहतर होगा ही। इस किताब की खासियत यह है कि इसमें रची गई कविताएं एकदम छोटी छोटी सी हैं, मानों एक चाय की प्याली हो और आप चुस्की लेकर उन कविताओं को पढ़ते जा रहे हों।

"तुम एक खूबसूरत शायरी हो

जिसे मैं बार- बार पढ़ना चाहती हूं।"

कविता खत्म और शीर्षक है इसका "चाय"

चाय सबको प्यारी लगती है। कवियत्री कहती हैं:-

"प्यार भरी मीठी शक्कर

उड़ते हुए लम्हों की पत्ती

पल-पल बहते वक़्त का पानी,

प्यार के अहसासों की धीमी सी ताव

लो हाजिर है प्यारी सी चाय।"

अब इसकी आप जितनी भी व्यख्या कीजिए, आप इसमें उन वक़्त को पाएंगे जिसके लिए लोग तरसते हैं।

इस गलतफहमी में मत रहिये कि इन्होंने सबकुछ चाय पर ही न्योछावर कर दिया है।

चाय एक माध्यम है जो आपको अगले पृष्ठ में प्रकृति की ओर ले जाती है। कुमारी छाया "हमारी प्रकृति" शीर्षक से कविता लिखते हुए कहती हैं:-

"हमारी प्रकृति और उसका स्पर्श

जो पल -पल हमारे साथ है

उस स्पर्श को कैसे भूल जाते हैं

मित्रवत वो हमारा ख्याल रखता है

पंचतत्व में वो हमें धरा पर जीवन देता है।"

हर इंसान आसमान की ओर देखना पसंद करता है, चाहे कारण कुछ भी रहा हो।

आसमान विशाल है, या यूं कहें कि उसके लिए विशाल शब्द भी छोटा पड़ जाए। और कोई इसे महज पांच पंक्तियों में समेट दे तो?

"आसमान अनंत विशाल

धरा तुम्हारी आसमानी ओढ़नी

ओढ़कर सकुचाती हुई बस तुम्हें

देखती ही रहती है हर क्षण कभी तो

वो मिल पाती तुमसे.."

हमारा व्यक्तिगत विचार यह रहा है कि यदि आप किसी को 500 शब्दों में नहीं समझा सकते तो आप उसे 5000 शब्दों में भी नहीं समझा पाएंगे। कम से कम शब्दों को खर्च

कर अधिक से अधिक दूर तक जाना इंसान की एक विशेष काबिलियत होती है।

एक कविता है " फूल की हर पंखुरी" जिसमें कवियत्री कहती हैं:-

" फूल की हर पंखुरी हमारी

तमन्नाओं का गुलदस्ता है

हवा के तेज झोंकों से इसे

कैसे अलग होने दूं।"

इंसान के मस्तिष्क में अनगिनत भाव -विचार आते हैं जिनमें सबसे अधिक कोमलता लिये कविता का भाव ही होता है। हिन्दी साहित्य में, खासकर आज के डिजिटल दौर में, अनगिनत लोगों ने अपनी -अपनी दुनिया बनाई है जिनमें कुमारी छाया भी एक नाम है।

इस कविता संग्रह "एक प्याली चाय" का प्रकाशन "आर्थर ट्री पब्लिशिंग" बिलासपुर छत्तीसगढ़ से हुआ है और मूल्य मात्र 249 रुपये हैं जो अमेजॉन और फिलिफ़्कार्ड पर उपलब्थ है।

कवियत्री कुमारी छाया जी को बहुत शुभकामनाएं। और अंत में, चाय एक कभी न भुलाया जाने वाली चीज होती है, सिमटती तो सिर्फ एक प्याली में ही है किंतु इसकी मिठास सदा बरकरार रहती है।

दूसरी पुस्तक : मेरी उम्मीद की ओर

- समीक्षकः ब्रजेश वर्मा, पत्रकार, लेखक

"किस पन्ने को पढूं

हर पन्ने पर ख्वाब हैं

हर शब्द मुझे कुछ कहते हैं

कुछ बातें कहते हैं..."

कुमारी छाया की दूसरी कविता संग्रह "मेरी उम्मीद की ओर" में उन्होंने अपनी पहली पुस्तक "एक प्याली चाय" से कुछ कदम आगे बढ़कर प्रकृति के उन नजारों का दीदार कराया है, जो झारखंड की पहचान है।

वह खुद कहती हैं, "मुझे प्रकृति से लगाव है और जब मैं प्रकृति के पास होती हूँ तो जीवन के सुंदर रूप को अपलक निहारते रहती हूं।"

आप झारखंड के किसी भी इलाके में चले जाइये, प्रकृति का वरदान हर जगह दिखाई देगा। ऐसे में, किसी भी संवेदनशील कवियत्री का मन कलम उठाने को न करे ऐसा संभव नहीं। कुमारी छाया, जो जमशेदपुर में पेशे से विज्ञान की शिक्षिका हैं, जब खुद को प्रकृति के करीब पाती हैं तो उनके विषय की धारा कविताओं की ओर मुड़ जाती है।

व्यक्तिगत रूप से मुझे उनकी लेखनी इसलिए भी पसंद है कि मुश्किल से चार- छह पंक्तियों में ही वह अपनी बातें कहकर दूसरे पन्ने की ओर बढ़ जाती है। ऐसे में, उनकी पुस्तक में बोझिलता का आभाष नहीं होता।

सौ पेज की इस कविता संग्रह "मेरी उम्मीद की ओर" में सौ कविताएं हैं। पहली ही कविता से पुस्तक के शीर्षक लिए गए हैं, जिसमें कवियत्री कहती हैं:-

"मेरी उम्मीद की ओर

मेरे ख्याल हो जैसे

फूलों से मेरी बातें हो रही हो

कह रही हो मुझसे कि देखो,

आज कितनी मोहक लग रही हूं...."

फूल तो प्रकृति का एक ऐसा वरदान है, जिसे वह हर किसी को अपनी ओर

आकर्षित करता है। और यदि वही फूल "जाड़े की सुगबुगाती धूप में खिले तो कुछ ऐसी पंक्तियों की रचना होती है:-

"जाड़े की सुगबुगाती धूप

तुम्हारी हंसी की कोंपलें

छन-छन कर मेरे दिल तक

आ जाती है......."

अपनी इस कविता संग्रह में कुमारी छाया ने एक प्रकार से खुशियों को बांटा है:-

"खुशियां जो जरा-जरा सी बात पर

हमें उड़ने के लिए मजबूर कर दे।"

कवियत्री का कहना है कि जीवन में चाहे जितनी भी कठिनाइयां हों, वह आसमान में चांद को देख अवसाद को भूल जाती हैं और फिर उसी चांद की तसवीर वह अपने शब्दों से खींच लेती हैं। इसे ठीक से समझने के लिए उनकी कविता "जिंदगी के लिए" पढ़नी होगी जो महज पांच पंक्तियों की हैं और जिसमें कहा यह गया:-

"जिंदगी के लिए

एक लम्हा बहुत है खुशी का....

माला बनाएंगे खग से ले पंख हम

हवाओं से बातें कर आएंगे।"

किन्तु इंसान के सोचने का दायरा जब इश्क की ओर मुड़ता है तो भींगी-भींगी सी पंक्तियां का सृजन होता है। कवियत्री इसका अपवाद नहीं हैं। वह "इश्क की छाया" देख कहती हैं:-

"इश्क की स्याही में

डुबो कर लिखे अल्फाज

सीधे दिल की किताब के

पन्नों पर उतर जाते हैं.."

लेकिन यह जाहिर है कि इश्क दर्द देता है। तब कुछ ऐसी रचना होती है:-

"अक्सर दर्द में हम

उस शख्स को याद करते हैं

जो हमदर्द होता है....."

यह सही है। दर्द से बना रिश्ता अनमोल होता है। कुमारी छाया की इस कविता संग्रह को

पढ़ने के लिए कुछ नहीं करना है; हाथों में उठाइये, किसी ट्रेन की खिड़की वाली सीट पर बैठ जाइए, प्रकृति का नजारा कीजिए और "मेरी उम्मीद की ओर"के एक एक पन्ने पलटिये; यकीन मानिए आप अपने गंतव्य से पहले 100 पेज की इस किताब को बिना बोझिल हुए समाप्त कर देंगे।

मेरी शुभकामनाएं!

किताब का मूल्य मात्र 149 रुपये है और ऑनलाइन प्लेटफॉर्म पर उपलब्ध है।

तीसरी पुस्तक : ज़िन्दगी अभी बाकी है...

- समीक्षक : ब्रजेश वर्मा, पत्रकार, लेखक

इंसान की सबसे बड़ी ताकत होती है उसके अंदर की सहनशक्ति। कैंसर एक ऐसी बीमारी है जिसका नाम सुनकर ही लोग कांप उठते हैं और फिर उसके अंदर की जीने की ललक खत्म होने लगती है! यह मैं इसलिए कह रहा हूं कि लोगों को कहते सुना है और आपने परिवार के उन लोगों को भी देखा है जो इस बीमारी से लड़ रहे हैं।

अब इसका एक दूसरा पहलू है। उसे आप लेखिका कुमारी छाया की नजरों से देखिए। लेखिका विज्ञान की शिक्षिका हैं और कैंसर को मात देने का संघर्ष कर रही हैं। उन्होंने अपनी हिम्मत को इतना बुलंद किया कि तमाम तकलीफों के बीच कुछ ऐसे सृजन कर डाले, जो दुनिया को एक सीख देती है।

कुमारी छाया ने ऐसे ही घातक समय में तीन किताबों की रचना कर डाली, जिनमें से "एक प्याली चाय", "मेरी उम्मीद की ओर" तथा "जिंदगी अभी बाकी है" लोगों के हाथों में है। "जिंदगी अभी बाकी है..." अभी हाल ही में प्रकाशित हुई है, जो उनकी पहली दो कविता संग्रह से अलग है। जिंदगी अभी बाकी की शुरुआत होती है इन पंक्तियों से:-

"परिस्थितियों से ,

व्यथित नही होना मन मेरे,

विचलित नही होना मन मेरे,

तुम तो हो धैर्य के उपासक,

सहनशीलता तुम्हारे मीत हैं,

करुणा का हृदय में है वास,

व्यथित नही होना, विचलित नही होना.."

व्यक्तिगत रूप से यहां बैठे - बैठे मैं लेखिका के मन को तो नहीं पढ़ सकता, किंतु एक अनुमान जरूर लगा सकता हूं कि अस्पताल के बिस्तर पर घनघोर पीड़ा के बीच उन्होंने ये शब्द कैसे लिखे होंगे:-

"मन में आस रखें

विश्वास रखें

सब अच्छा होगा

मन की शक्ति को कमजोर न होने दें

आत्मविश्वास से सारी दुनिया जीती जा सकती है..."

मैं अपने शुरुआती शब्दों को फिर दोहराता हूं कि इंसान की सबसे बडी खासियत होती है उसकी सहनशक्ति। कुमारी छाया इसका एक उदाहरण हैं।

पुस्तक जिंदगी अभी बाकी है न सिर्फ कविता संग्रह है, बल्कि लेखिका कुमारी छाया ने अपनी पंक्तियों का खुद से विस्तार से विश्लेषण भी किया है। वह कहती हैं

"आत्मविश्वास भी अकारण नहीं होता, क्योंकि प्रतिपल हम जीवन में विस्मयकारी क्षणों का सामना करते हैं। विस्मयकारी क्षण, जैसे अचानक जब मुझे पता चला कि मैं लंग कैंसर से ग्रसित हो गई हूं, वो पल बहुत कठिन था, सब आश्चर्य में थे कि ऐसा कैसे हो गया.."

फिर वह कहती हैं," मुझे प्रकृति और उसकी सुंदरता आकर्षित करती हैं और मैं अपनी समस्याओं और तकलीफों का हल उसमें ढूंढने की कोशिश करती हूं,"

तब फिर उनकी अगली रचना शुरू होती है:-

"प्रेरणा मिलती है

हर खुशी से, हर गम से

हर जीवन से, हर हार से

हर दिन से, हर रात से

हर अपनों से, हर पराए से

रोशनी से, तम से

मुझे प्रेरणा मिलती है।"

यह पूरी किताब ऐसे ही मजबूत मानसिक शक्ति का बयान करती है। लेखिका उन लोगों को एक संदेश देना चाहती हैं, जो किसी भी तरह की तकलीफ से गुजरते हैं । इस दिशा में वह इच्छाशक्ति का बयान करती है, जहां वह कहती हैं:-

"बेशकीमती हैं हमसब

जीवन को रचनात्मक बनाएं

सृजनशील मस्तिष्क रखें

भावनाओं से भरा हृदय"

मुझे लेखक कृष्णचंद की वह किताब याद आती है, जब उन्होंने भिखारियों पर, किताब "फुटपाथ के फरिश्ते" लिखने से पहले सड़क किनारे बैठकर एक भिखारी का रूप धारण

कर भिखारियों के बारे में अनुभव किया था। उनका यह कदम उनकी एक सोची समझी योजना के तहत रही होगी, किंतु कुमारी छाया के मामले में बात कुछ अलग है। यह स्थिति ईश्वर किसी को न दे।

जीवन के बारे में लेखिका के विचार हैं कि जीवन एक सुंदर मूर्ति है और हम सभी अपने जीवन के मूर्तिकार हैं। मजबूत इच्छाशक्ति से ही सबकुछ होता है। उनके विचार इस रूप में आते हैं:-

"बनाऊंगी सुंदर एक मूर्ति

बनूंगी मैं कुजगर

अपनी कल्पना को शरीर दूंगी

मिट्टी का ही, पर होगा वो सजीव

बातें करूंगी पहरों अनवरत

मुस्कुराऊंगी मैं भी .."

भावनाओं से भरी इस किताब को अपने हाथ में रखना मानों ऐसा महसूस होता है कि हाथ में एक छोटा सा बागीचा हो। दर्द और हौसला का।

पुस्तक की कीमत 149 रूपए मात्र है और यह ऑनलाइन उपलब्ध है।

मेरी अनंत शुभकामनाएं कुमारी छाया जी को। आपने बहुतों को हौसला दिया।

चौथी पुस्तक : चाय सा हमसफर

- समीक्षक: विजय कुमार तिवारी कवि, लेखक, कहानीकार, उपन्यासकार, समीक्षक

हर काव्य यात्रा में भावनाएं, संवेदनाएं होना स्वाभाविक है। इसके बिना काम चलता नहीं, काव्य सृजन का उद्देश्य मानो अधूरा रह जाता है। काव्य संसार में डूब कर ही कवि अपनी अनुभूतियों को मूर्त करते हैं। यह सहज भी है और जटिल भी। कवि अपने समाज को, अपना व अपने समाज के जीवन को, प्रकृति को, जीव-जन्तुओं को, भीतरी-बाहरी सौन्दर्य और मन की बेचैनी को काव्य के माध्यम से प्रस्तुत करता है। वह अपनी खुशी, अपनी पीड़ा, अपनी व्यथा दुनिया के सामने परोस देता है और इस तरह स्वयं में सहजता की अनुभूति करता है। सहज होना, शांत होना और भीतर की उड़ान को सामने ला देना हर किसी का वांछित उद्देश्य होता है। जिसकी जितनी गहरी अनुभूति, उतना ही गहन चिन्तन और उतना ही व्यापक सृजन। करुणा, संवेदना, प्रेम और मानवता के हित में साहित्य लेखन रचनाकार को गौरवान्वित करता है। कवि अक्सर चौंकाते हैं, जीवन की छोटी से छोटी सामान्य वस्तु से जुड़कर कोई बड़ा परिदृश्य रच देते हैं। हो सकता है, कुछ लोग ऐसे लेखन-सृजन में कोई व्यापक चिन्तन की उपस्थिति न समझें परन्तु कवि की संवेदना से भरी अनुभूति को झुठला नहीं सकते। मेरी धारणा है, हर रचनाकार को उसके लेखन के लिए साहित्य में स्थान मिलना चाहिए। कमतर या श्रेष्ठ जैसे विचार पाठकों पर छोड़ देना चाहिए, वे समझते भी हैं और अपना निर्णय दे देते हैं।

आजकल मेरे सामने कवयित्री कुमारी छाया द्वारा रचित काव्य संग्रह "चाय सा हमसफर" है। कोई चकित हो सकता है कि 'चाय सा हमसफर' जैसा भी काव्य संग्रह हो सकता है? चाय हमारे जीवन में सामान्य वस्तु नहीं रह गई है। हमारे दैनिक जीवन में, आतिथ्य सत्कार में, उब में, खुशी में और राजनीति में भी चाय ही सर्व सहज सहारा है। कुमारी छाया जी को बहुत-बहुत बधाई, उन्होंने चाय को अपने काव्य लेखन का जीवन्त विषय चुना और लिख रही हैं। हमें भी सहजता से उनके मनोभावों के साथ सहयात्रा करनी चाहिए और चाय पर आधारित कविताओं का आनन्द लेना चाहिए।

'चाय सा हमसफर' के पृष्ठ भाग में प्रकाशक की ओर से लिखा गया है - लेखिका कुमारी छाया झारखंड राज्य के जमशेदपुर शहर से हैं, उन्होंने एम.एस.सी. और बी.एड. की शिक्षा प्राप्त की है। विज्ञान विषय की छात्रा और शिक्षिका होने पर भी हिन्दी से विशेष लगाव

रखती हैं। उन्हें चाय पर लिखना बहुत पसंद है और यह लगाव उनकी पहली पुस्तक 'एक प्याली चाय' (2021) से पता चलता है। इस पुस्तक में चाय के साथ प्रकृति पर भी कविताएं हैं। उनकी दूसरी पुस्तक 'मेरी उम्मीद की ओर' (2022) है। कुमारी छाया जी लगभग तीन साल से कैंसर से लड़ रही हैं, इस क्रम में उन्होंने अपनी तीसरी पुस्तक 'जिन्दगी अभी बाकी है' (2023) कैंसर पर लिखा है। इस पुस्तक में उन्होंने कैंसर के साथ अपने अनुभवों को साझा किया है और बताया है कैंसर के इलाज के साथ कैसे सकारात्मक रहा जा सकता है।

'मेरे विचार' शीर्षक के अन्तर्गत इस संग्रह की भूमिका में उन्होंने विस्तार से चाय के साथ अपने लगाव को साझा किया है- "चाय का नाम सुनते ही एक मीठा सा अहसास जागता है कि हम कितने भी व्यस्त या उद्विग्र क्यों न हों,चाय में कुछ पल का ही सही सुकून अवश्य ही ढूंढ लेते हैं। चाय के कप में सिर्फ चाय ही नहीं, हमारी अनेकों परेशानियों का हल भी होता है। वो एक अच्छे हमसफर की तरह हमारा साथ देती है। इसलिए चाय केवल चाय ही नहीं बहुत सारे खूबसूरत पलों की गवाह होती है।" उन्होंने आगे लिखा है- "चाय से मेरा मिलना कविताओं के माध्यम से ही हुआ। मुश्किल से मुश्किल परिस्थिति में भी चाय पर कविता लिखना मुझे सुकून दे जाता है।"

इस सन्दर्भ में एक सुखद प्रसंग याद करना अनुचित नहीं होगा। पटना प्रवास में अक्सर 'जनशक्ति' के कार्यालय में तत्कालीन संपादक कन्हैया जी से मिलना-जुलना होता था, उन्होंने मेरी अनेक कहानियां, लेख व कविताएं अपने रविवारीय अंको में प्रकाशित किया था। किसी शनिवार मैं उनके संपादकीय कक्ष में पहुंचा, चाय आ गई और हमारी साहित्यिक चर्चा शुरू हुई। कहानी लेखन को लेकर उनके सुझाव मेरे लिए लाभकारी तो थे ही, उनकी आत्मीयता मुझे खूब प्रभावित करती थी। कभी-कभी उम्र का फासला मिटा, वे सहज ही रोचक प्रसंग सुना, वातावरण की बोझिल स्थिति को सामान्य कर देते थे। कुछ देर बाद वरिष्ठ आलोचक डा० खगेन्द्र ठाकुर जी का आगमन हुआ और पुनः चाय आई। मैंने संकोच के साथ अनिच्छा दिखाई। कन्हैया जी अपनी स्वाभाविक मुद्रा में आ गए और मुस्कराते हुए कहा- "जानते हैं, चाय में क्या है? इसमें दोशीजा के लबों की तरह गर्मी भी है और मिठास भी। आप चाय को ना कर रहे हैं?" दोनों वरिष्ठ साहित्यकारों ने ठहाका लगाया और मैंने चुपचाप चाय की गर्मी और मिठास का आनंद लेना शुरू कर दिया।

'चाय सा हमसफर' संग्रह में भाव-संवेदनाओं से भरी सहज भाव-बोध से ओत-प्रोत

कविताएं हैं। इनमें कहीं कोई दुरूहता, जटिलता नहीं है, सहजता के साथ कवयित्री के मन के भाव स्पंदित हैं और चाय बिंबित-प्रतिबिंबित हुई है। यह रोचक है, चौंकाता है और जीवन के साथ जुड़ता-जोड़ता भी है। चाय सा हमसफर जैसा बिंब मिठास और सुकून देने वाला है। सुबह-सुबह चाय अपनी भीनी सुगंध के साथ जगाती है। जीवन में जो भी हो, चाय साथ रहने वाली है, उसका स्वाद सुकून देने वाला है और चेहरे पर मुस्कान लाने वाली है। वह समय को बांध लेती है, उसकी मोहक खुशबू से लोगों के कदम रुक जाते हैं। चाय के हर घूंट में प्यार का अहसास होता है। चाय से इश्क होने के बाद वही दवा है, वही सुकून है। 'चाय भी साथ हुई' कविता का भाव है- तुमसे मुलाकात हुई/चाय भी मेरे साथ हुई अर्थात कवयित्री का प्रियतम के साथ मिलन में, संवाद में चाय साथ होती है। दोस्त साथ में हो और हाथों में गरम-गरम चाय हो फिर तो वक्त ठहर जाता है। प्यार की मिठास से भरी सुकून वाली चाय की प्याली का संदेश यही है कि पीड़ा के बाद भी जीवन में मिठास कभी कम नहीं होगी। 'मेरे प्रिय सखा' कविता में कवयित्री के पास चाय और किताब दो सखा हैं, जिनके साथ खूबसूरत सा रिश्ता है, उनका सहज भाव देखिए-

चाय की घूंट और शब्दों का साथ

दोनों जब पास हो तो अनुभूति ऐसी

रंगबिरंगे फूलों के बागीचे में बैठी हूं

कवयित्री की ऐसी उड़ान सहजता के साथ पाठकों को चाय के साथ गहराई से जोड़ देती है।

किसी की व्यक्तिगत पसंद से काव्य समृद्ध हो सकता है, इसका छोटा सा उदाहरण कुमारी छाया का "चाय सा हमसफर" संग्रह है। वैसे प्रत्येक कवि का सृजन उसकी पसंद ही है, बाद में पाठक, चिन्तक, समीक्षक, आलोचक और साहित्य के मर्मज्ञ बड़ा परिदृश्य खड़ा करते हैं। इस संग्रह को लेकर इतना तो कहा ही जायेगा, कवयित्री ने चाय के साथ नाना दृश्यों, स्थितियों, भावनाओं को चित्रित किया है। यह कम तो नहीं है? चाय की महक से जागना होता है और उसकी पत्तियां खुशियों की चाभी है। कवयित्री के मिलने की संभावना के दृश्य देखिए-

मैं मिलूंगी तुम्हारे ओठों के मिठास में

या फिर चाय पीते ही चेहरे पर आती ताजगी में

या फिर आंखों की चमक में मिलूंगी

चाय के बिना जीवन कैसा है मानो आकाश में बादल तो हैं परन्तु बरसती एक भी बूंद नहीं

जोर देना चाहती हैं- एक चाय की प्याली/कितनी ही उलझनों को/सुलझाने का हौसला रखती है/हम चाय ही नहीं पीते/सारे गमों को भी चाय की घूंट के साथ/हमेशा के लिए खत्म कर देते हैं।

चाय ही है जो हर वक्त साथ देती है,सुकून देती है और दिल को राहत पहुँचाती है। उनका भाव देखिए- देर न किया करो/चाय भी ठंडी हो गयी/एक तुम्हारे इंतजार में। चाय और बिस्कुट/हम और तुम/एक दूसरे के लिए। 'आंच तुम्हारी यादों की', 'चाय सा इश्क मेरा', 'तुम संग चाय' जैसी कविताओं में वह कभी प्रियतमा बनती हैं, कभी प्रियतम और चाय के साथ नाना मधुरतम पलों की कल्पना करती हैं। सहज व मर्यादित तरीके से खुलकर अपनी भावनाओं, संवेदनाओं को व्यक्त करना देखा जा सकता है। 'खुश रहने की आदत' और 'मेरा हाथ थाम लो' जैसी कविताएं सुन्दर संदेश देती हैं। 'स्वाद चाय का', प्याली में प्यार', 'जिन्दगी कड़वी नहीं है', 'चाय और तुम' जैसी कविताओं में जीवन की मधुर कल्पनाएं उमड़ती-घुमड़ती हैं और सुखद जीवन का संदेश देती हैं। 'हसरतें' कविता का गहन भाव देखिए- खुल कर हंसने, बारिश की बूँदों के साथ खेलने, चांद से बात करने और प्रकृति का सौन्दर्य महसूस करने जैसी ख्वाहिशें चाय के साथ पूरी हो गई हैं। 'एक प्याली चाय हूं मैं' कवयित्री की चाय के साथ अपनी तुलना का आधार सुबह की तलब, शाम का सुकून, गपशप की शुरुआत और रिश्तों की मिठास ही है। 'तुम्हारी यादों की किताब' कविता में वह स्वीकार करती हैं कि कुछ पन्ने चाय के साथ ही हैं- कुछ खामोशियों पर लिखी गयी हैं, कुछ लिखने से रह गयी हैं, कोई मीठी याद छूट गयी है और बरसात की बूंद सी चाय में गिरी तो और मीठी लगी। वह चाय से गुहार करती हैं कि कभी खफा मत होना क्योंकि तुम मेरे हर दर्द की दवा हो। 'सुबह की शुरुआत' चाय के साथ कवयित्री की पसंद है। 'एक कोशिश तो बनती है" कोशिश करते रहने का सार्थक संदेश देती कविता है। 'जरा सी जिन्दगी' कविता में वह सांवले रंग के कृष्ण से अपना प्रेम जगाती हैं और सब से प्रेम-भाव की कामना करती हैं। इन कविताओं में हिन्दी-उर्दू के गिनती के शब्द हैं परन्तु उनका आलोक व्यापक है, देखिए- इश्क का पैगाम/ चाय के कप में/ इलायची की खुशबू/जिन्दगी के कड़वेपन/ दूर करती शक्कर/ इश्क, इबादत, सुकून/ पत्ती के साँवले रंग में मिलाकर/ पैगाम लाती है/ अहसास दिलाती है कि/जिन्दगी बहुत खूबसूरत है। 'हम गुनगुनाने लगे', 'बरसात', 'कुछ सपने सजाते हैं' जैसी कविताओं की कल्पनाएं जीवन को मधुरता प्रदान करती हैं और प्रकृति के साथ सुखद स्मृतियां जगाती हैं। चाय जीवन में सुकून घोलती है और किंचित बेफिक्री भी। कवयित्री को बरसात में भीगना और गरम चाय है, स्वप्नों से भरी आंख तो है परन्तु नींद नहीं है और खुशियां तो हैं परन्तु चेहरे पर

मुस्कान नहीं है। ये सारे बिंब कवयित्री की भाव-संवेदनाएं जगाने वाले हैं। प्रियतम हों और चाय भी हो तो उनका सब कुछ ठहर जाता है, धड़कने रुक जाती हैं और मन सात्विक विचारों से भर

जाता है। शाम की चाय के साथ अनकहा सब कुछ कह दिया जाता है। दोनों साथ-साथ हों और चाय की गरमाहट भी हो, कवयित्री को याद आता है-

मैं तुमसे बातें करते-करते

तुम्हारी आंखों में डूब जाया करती थी

और तुम मेरी बालों की वेणी में

चाय के साथ मन की बातें किसी दोस्त की तरह हैं जो कभी नहीं रूठता और सब कुछ अच्छा है, का भाव दे जाता है। चाय किसी गवाह की तरह है दोनों के बीच और वह हर गम को भुला देती है। कवयित्री कविता की याद दिलाती है जो चाय के साथ उसने लिखी थी अपने प्रियतम के लिए। 'जिन्दगी मेरी तरफ देख' गहन भाव की मार्मिक कविता है। जिन्दगी चाय की तलब सी है और कवयित्री आंसुओं को मिलाकर पी जाना चाहती है। उनका इश्क चाय की तरह है, कभी कम कभी ज्यादा परन्तु हमेशा ही जरूरी। 'प्याली में इंतजार' प्रिय के आने और सजने-संवरने की मोहक भावनाओं से भरी कविता है। चाय से मिठास लेने की सलाह अद्भुत है, वह कहती हैं- लक्ष्य मीठा ही होगा। चाय की खुमारी कभी नहीं उतरती, शाम हो या रात हर समय बनी रहती है। चाय के साथ उनका संवाद देखिए- सोचो तो सही/बस तुम्हारे होने से ही/सब कितना सुहावना हो जाता है/फिर क्यों कोई रुठ जाए तुमसे/ओ मेरी चाय! 'चाय की तरह' कविता में प्रेयसी की तुलना देखिए- चाय की तरह तुम सुन्दर, सांवली, मीठी, मन को लुभाने वाली, गरमाहट से ठंडक देने वाली और चित्त का हरण करने वाली हो। वह दिसम्बर की सर्द रातों में दोस्तों के साथ मुहब्बत के गीत गुनगुनाते हुए, चाय की प्याली में डूब जाना चाहती हैं। उनके लिए जिन्दगी की खूबसूरती, दोस्ती की खुशी, प्रेम की अनुभूति, अपनेपन का अहसास, रिश्तों की गरमाहट और लफ्जों का सौन्दर्य सब कुछ चाय में ही है। उनका यह संदेश सहज ही स्वीकार करने योग्य है-

चाय हो या जिन्दगी

खुद की बनाई ही अच्छी लगती है।

कुमारी छाया जी की कविताओं में भाव-चिन्तन की पुनरावृत्ति इसलिए है कि वह उस पर की मिठास में सुकून महसूस करना याद आता है। जीवन के अनेक पहलुओं में चाय को

उन्होंने जीया है और इन कविताओं ने चाय को अमर किया है। 'एक खत चाय के नाम' रोचक और मार्मिक कविता है तथा उन्होंने जीवन के नाना प्रसंगों को याद किया है। 'तुमसे कहना है' कविता में भाव वही है कि चाय हमारे जीवन के हर मर्ज की दवा है। कवयित्री की कल्पना है- जिन्दगी चाय जैसी/ मीठी होनी चाहिए, सारा कड़वाहट मिट जाता है और जीवन का सूनापन खत्म हो जाता है।

कवयित्री के चिन्तन में चाय सुकून व शांति का पर्याय है। 'छंट जायेंगे गम के बादल' कविता उम्मीद जगाती है, दुख के बादल छंट जायेंगे और जिन्दगी आसान हो जायेगी। 'एक अच्छा दिन' में चाय से शिक्षा मिलती है-परिस्थितियां कैसी भी हों/ उसमें उम्मीदों के शक्कर को मिला/ आशाओं से प्याली को भर लें/ सब अच्छा ही होगा। यह भाव कवयित्री का उच्च जीवन-दर्शन दिखाता है और वे सतत उत्साहित हो, आनंद ले रही हैं। चाय उनके लिए हर तकलीफ की दवा है, एकाकीपन में दोस्त और इंतजार में हमसफर की तरह। उनके जीवन में चाय और बारिश का बार-बार उल्लेख है और चाय की प्याली जीवन का दर्शन समझाती है। चाय में उन्हें व्यवस्थित जीवन की झलक मिलती है और वे वैसे ही व्यवस्थित होने का संदेश देती हैं। कवयित्री स्वीकार करती हैं कि उनका जीवन खूबसूरत न होता यदि प्याली में चाय न होती। 'आओ कुछ बातें करें' और 'आंखों में बसे सपने' जैसी कविताएं चाय को अदब से ग्रहण करने का संदेश देती हैं। 'टूटा रिश्ता' कविता में रिश्तों को सहज करने की सलाह चाय के माध्यम से समझाती हैं-

जिन्दगी को चाय जैसी मीठी हो जाने दें

मुश्किलें उबल-उबल कर खत्म हो जायेंगी

बचा रह जायेगा सिर्फ प्यारा रिश्ता

बिल्कुल चाय जैसा मधुर

संग्रह की अंतिम कविता 'केतली से प्याली तक' में कवयित्री का भाव-दृश्य देखिए- जब मैं खुद से बातें करती हूं/ चाय को पास बुला लेती हूं/ और वो केतली से/ प्याली तक का सफर तयकर/ धीरे से पास आ जाती है/मेरी किस्सों, कहानियों में/ कविताओं में, मेरी प्रसन्नता में—

इस तरह देखा जाए तो कवयित्री ने चाय को जीवन्त किया ही है, जीवन को, प्रेम, संवेदना और अपनी अनुभूतियों को भी जीवन्त किया है। किसी को संशय नहीं रह जायेगा कि चाय हमारे जीवन में कितना महत्वपूर्ण है। इसीलिए उन्होंने चाय को हमसफर स्वीकार किया है। कविताएं छोटी-छोटी हैं, भाव से भरी हैं और मार्मिक हैं। भाषा सहज सरल है, हिन्दी-उर्दू के

शब्द हैं और शैली जीवन से जुड़ने का संदेश देती है। यह रोचकता व सहजता पाठकों को आकर्षित करने वाली और सबके जीवन में प्रेम जगाने वाली है।

कैंसर की औषधि बनी लेखनी

"जीवन जब पूरी तरह जिया जाए, तो मृत्यु भी एक कोमल विदाई बन जाती है। छाया ने दर्द को सहा नहीं, उसे जीवन के अंतिम पुष्प की तरह सहेजा — धैर्य, स्वीकृति और प्रेम की चुप्पी में।"

(कुमारी छाया की कलम से अंतिम लेखकीय जो मरणोपरांत 'आरोहण भाग दो' में प्रकाशित हुई।)

"मुश्किल है इसलिए ज़िन्दगी है,
ख़ूबसूरत तो ख़्वाब हुआ करते है..."

अपनी लेखन यात्रा में अगर मैं कैंसर का जिक्र न करूं तो यह यात्रा अधूरी मानी जाएगी क्योंकि लिखने का शौक तो मुझे बचपन से ही था पर रफ़्तार कैंसर ने दिया। वर्ष 2000 जब पूरा विश्व कोरोना के प्रकोप से परेशान था और लॉकडॉउन में सभी विद्यालय बंद हो गये, इस तरह मेरे विद्यालय को भी बंद कर दिया गया। हम सभी घर की चारदीवारी में कैद से हो गए। उसी समय मुझे फेफड़े में परेशानी महसूस होने लगी और बाद में बायप्सी टेस्ट से पता चला कि मुझे लंग कैंसर है। बस यहीं वो समय था जब मुझे अपने चारों ओर अंधकार और निराशा ही दिखाई दे रही थी। इस समय मैं घोर शारीरिक, मानसिक और आर्थिक पीड़ा से गुजर रही थी। मैं अपने विद्यालय में विज्ञान विषय की शिक्षिका थी पर हिन्दी विषय से मुझे हमेशा से प्रेम रहा है। अपने विद्यालय में मैं कभी - कभी कक्षा में शौक से हिन्दी पढ़ाया करती थी और बच्चे काफी संतुष्ट होते थे तो मुझे बहुत अच्छा लगता था। इसतरह हिन्दी पढ़ना और पढ़ाना दोनों मुझे भाता था।

बाल्यकाल से ही मुझे याद है- एक लाल रंग की छोटी सी डायरी में कविताएं लिखा करती थी। पहली बार जब कक्षा दसवीं में थी तो एक आर्टिकल जो मैंने रैगिंग पर लिखा था एक दैनिक समाचारपत्र में छपा। मैं काफी खुश हुई थी। मुझे आज भी याद है। बोर्ड परीक्षा में अच्छे नंबर आने के कारण मैंने विज्ञान विषय चुना आगे की पढ़ाई के लिए, पर हिन्दी हमेशा से मेरा प्रिय विषय रहा है। इस तरह छोटी - छोटी रचनाएं कभी डायरी में तो कभी मोबाइल में लिखने लगी। लेकिन विद्यालय और परिवार को संभालने के बीच समय बहुत कम मिल पाता था। समय के अभाव में मैं ज्यादा लिख नहीं पाती थी। पर, ईश्वर को शायद मेरी लिखने इच्छा को पूरा करने का मन हुआ पर इसके लिए उन्होंने कैंसर का सहारा लिया

और यहीं से शुरू हुई मेरी कैंसर को हराने की जंग। इसमें मेरी लेखनी मेरी प्रिय सखी बनी। मेरी शिक्षिका से लेखिका बनने का साक्षी बना कैंसर और मेरी असहनीय शारीरिक और मानसिक पीड़ा को मेरे शब्दों का सहारा मिला।

हमसब चाय को बस एक पेय पदार्थ के रूप में जानते हैं पर मुझे चाय पर कविता लिखना बहुत अच्छा लगता है। मेरी पहली पुस्तक जो 2021 में प्रकाशित हुई मैंने उसका नाम चाय पर रखा " एक प्याली चाय " जो कि मेरी 200 कविताओं की संग्रह है। इसमें चाय के अतिरिक्त प्रकृति पर भी कविताएं हैं।

मेरी पहली पुस्तक अमेजॉन पर "बेस्ट सेल्लिंग बुक" हुई और शिक्षिका से लेखिका के रूप मेरे जीवन का एक नया अध्याय शुरू हुआ। इन सब के साथ इधर कैंसर का इलाज़ और केमोथेरेपी भी चल रहा था पर मैं अपनी पुस्तक उसके लोकार्पण में इतनी व्यस्त थी कि कैंसर की असहनीय पीड़ा को भूल सी गयी। सभी समाचार पत्रों में छपा, किस तरह मैं कैंसर को अपनी लेखनी के माध्यम से हरा पा रही हूं। "मशाल" न्यूज़ पर मेरा इंटरव्यू आया और ये सब मेरे अंदर सकारात्मक ऊर्जा का संचार कर रही थी और पीड़ा में भी मुस्कुराने लगी।

"प्यार भरी मीठी शक्कर,

उड़ते हुए लम्हों की पत्ती,

पल - पल बहते वक़्त का पानी,

प्यार के अहसासों की धीमी सी ताव,

लो हाजिर है प्यारी सी चाय…"

मेरी लेखनी ने अब रफ़्तार पकड़ ली थी और कैंसर के इलाज के साथ मैं लिखती रही। इसी क्रम में मेरी दूसरी पुस्तक "मेरी उम्मीद की ओर" 2022 में आई।

उम्मीदों से भरी कविताएं जो कह रही कि जीवन में सबकुछ कभी ख़त्म नहीं होता, एक उम्मीद हमेशा हौसला देती रहती है कि मुश्किलों में भी रास्तें ख़ूबसूरत हो सकते है। मैं चांद,बादल,बारिश, तितली सभी में जीवन की ख़ूबसूरती देखने लगी, कविताओं के माध्मय से। मेरी पुस्तक अमेजॉन पर बेस्ट सेलिंग बुक हुई। "THEMEDIAPURWALA" चैनल ने मेरा इंटरव्यू लिया और विभिन्न दैनिक समाचार पत्रिका और मासिक पत्रिका में मेरी लेखन की चर्चा हुई। ये सब मेरे लिए आनंद का वाहक था, साथ - साथ मेरा इलाज़ भी जारी था।

"ज़िन्दगी तुम्हारा स्वागत है,

नई आशा विश्वास के साथ,

कि तुम मेरी अच्छी सखा रहोगी,

प्रेम करोगी मुझसे जब उदास रहूंगी,

लार - दुलार से मनाओगी जब मैं रूठ जाऊंगी,

हंसा दोगी जब - जब हृदय अनिष्ट भावना से आहत होगा..."

इस तरह मेरी लेखनी और मेरे लंग कैंसर का इलाज़ दोनों एक - दूसरे का हाथ थामे चल रही थी पर ईश्वर को कुछ और मंज़ूर था। मेरा इलाज़ रांची में चल रहा था तभी एक समाचार पत्र से पता चला कि पटना एम्स में सर्जरी के द्वारा लंग कैंसर को पूरी तरह ख़त्म किया जा सकता है। मैं पटना एम्स गयी, वहां पेटस्कैन से पता चला कि मेरे अंडाशय में भी कैंसर ने अपना घर बना लिया है। एकबार फिर मेरी लेखनी ने मुझे संभाला- हर पीड़ा में शब्दों को पास बुला लेती और कविता बना उसमें खुशियां ढूंढती। आगे के इलाज़ के लिए कोलकाता मेडिकल सेंटर गयी ताकि मैं अंडाशय के कैंसर की सर्जरी करा सकूं और मेरा इलाज़ शुरू हो गया। सर्जरी से पहले के केमोथेरेपी से मुझे असहनीय पीड़ा होती थी और इस केमो के कारण मेरे सारे बाल गिर गए। अपने अश्रुओं के साथ अपने बालों को विदा किया। वो कारुणिक क्षण मुझे आज भी स्मरण है। प्रत्येक स्त्री की सुंदरता को उसके खूबसूरत बाल परिभाषित करते हैं और मैंने उसे खो दिया। उसदिन मेरे अश्रु अनवरत बहे जा रहे थे और सोचती अब आईने के सामने कैसे जाऊंगी। फिर मैंने खुद को मजबूत किया और फिर अपनी लेखनी को पास बुला उससे बातें करने लगी। इस बार मैंने कविताओं के जगह कैंसर पर लिखने का मन बनाया कि हम कैंसर के साथ स्वयं को कैसे सकारात्मक रख सकते हैं। इस तरह 6 जनवरी 2023 को मेरी तीसरी किताब "ज़िन्दगी अभी बाकी है..." प्रकाशित हुई और उसी दिन मेरे अंडाशय में हुए कैंसर का 12 घंटे का ऑपरेशन हुआ। असहनीय पीड़ा के साथ मैं धीरे - धीरे स्वस्थ हुई। मैंने अपनी तीसरी पुस्तक में कैंसर के विभिन्न पहलुओं पर अपने विचार रखे और मुझे खुशी हुई कि पाठकों को बहुत पसंद आई। मेरे डॉक्टर और हॉस्पिटल के अन्य स्टाफ भी इस पुस्तक को पढ़ जब मुझसे बोले कि आप बहुत अच्छा लिखती हैं तो लगा जैसे कोई पुरस्कार मिला। अब मुझे लोग लेखिका के रूप में जानने लगे थे। बेहद सुखद अनुभव जब "लहक डिजिटल" से मेरी बात हुई। सभी समाचार पत्रों ने भी मेरी लेखन की तारीफ की । ये सब मेरे लिए कैंसर की औषधि की तरह था।

"परिस्थितियों से,

व्यथित नहीं होना मन मेरे,

विचलित नहीं होना मन मेरे,

तुम तो हो धैर्य के उपासक,

सहनशीलता तुम्हारे मीत है,

करुणा का हृदय में है वास,

व्यथित नहीं होना मन मेरे,

विचलित नहीं होना मन मेरे...”

इसी बीच नेशनल मैगजीन “आउटलुक” में मेरी कहानी आई। आउटलुक के नवीन कुमार मिश्रा जी झारखंड में ऐसे कैंसर मरीज जो कैंसर से लड़ते हुये कोई ऐसा कार्य कर रहे हो जो प्रेरणादायी हो उस पर स्टोरी कर रहे थे और उसके लिए उन्होंने मेरा भी चयन किया कि किस तरह मैं विषम परिस्थिति में भी सकारात्मक कार्य कर रही हूं। इसके अतिरिक्त पटना के दो मैगजीन “समकालीन तापमान” और “समय मंथन” में मेरी पुस्तकों की समीक्षा छपती रही। कोलकाता से “लहक” साहित्यिक पत्रिका ने भी समय -समय पर अपने मैगजीन में स्थान दिया।

इसी बीच मैं रेगुलर चेकअप के लिए कोलकाता गयी तो फिर से निराश हो गयी क्योंकि सर्जरी के तीन महीने बाद ही कैंसर ने फिर मेरे अंडाशय में घर बना लिया था जिसके कारण फिर केमोथेरेपी शुरू हो गयी जो सप्ताह -सप्ताह के अंतराल पर थी। इसके कारण मुझे काफी परेशानी हुई और मेरा प्लेटलेट और हेमोग्लोबिन बहुत कम हो गया। तब डॉक्टर ने मेरा इलाज़ ही कुछ महीनों के लिए रोक दिया। हरबार की तरह बार फिर मानसिक और शारीरिक परेशानी में मेरी लेखनी ने मेरा हाथ थामा और मैं अपनी चौथी पुस्तक को पूरा करने में व्यस्त हो गयी ताकि मैं अपने मन को शांत रख सकूं। मुझे चाय पर लिखना पसंद है इसलिए सोचा कि क्यों न सिर्फ चाय पर ही कविता लिखी जाए । इसतरह 13 सितंबर 2023 मेरी चौथी पुस्तक “चाय सा हमसफ़र” पाठकों के सामने आई। इस पुस्तक में सिर्फ चाय पर 70 कविताएं हैं। पाठकों का स्नेह मिला और सभी आश्चर्य में थे कि एक पेय पदार्थ पर भी इतनी कविताएं लिखी जा सकती हैं।

“एक प्याली हमेशा,

सुकून से भरी होनी चाहिये,

प्यार की मिठास से भरी हुई,

ये सुनिश्चित करती हुई कि,

पीड़ा के बाद भी जीवन में,

कभी मिठास कम नहीं होगी,

मुख पर प्रसन्नता आमन्त्रित करती हुई,

एक प्याली सुकून से भरी हुई हमेशा…”

लेखक और समीक्षक श्री ब्रजेश वर्मा जी और श्री विजय कुमार सिंह जी ने मेरे पुस्तकों की बड़ी ही ख़ूबसूरती से समीक्षा की। अमेरिका की हिंदी साहित्यिक पत्रिका में भी चाय सा हमसफर की समीक्षा छपी। तभी पता चला कि अपने शहर जमशेदपुर में पुस्तक मेला लगा है जो कि हरवर्ष लगता है और इसबार मेला में “बहुभाषीय साहित्यिक संस्था” के स्टाल पर मेरी पुस्तकें भी थी। धन्यवाद जूही समर्पिता मैम। मुझे याद है जब मैं अपने बेटे के साथ पुस्तक मेला आपकी चारों पुस्तक ले कर गयी और “बहुभाषीय साहित्यिक संस्था” के स्टाल पर रख रही थी तो आंखें अश्रु से भर आये थे और विश्वास ही नहीं हो रहा था कि मेरी पुस्तकों को पुस्तक मेला में स्थान मिला।

शायद मैं विज्ञान शिक्षिका से लेखिका नहीं बनती अगर कैंसर ने मेरे शरीर में अपना घर नहीं बनाया होता। ईश्वर के हर निर्णय में हमारे लिए कुछ अच्छाई छिपी होती है। शारीरिक पीड़ा और मानसिक पीड़ा को मैंने अपनी लेखनी से हमेशा परास्त किया और आगे भी लिखती रहूंगी ताकि कैंसर मेरे शब्दों से डर कर रहे मुझे हराने की चेष्टा भी न करें। डॉ अनीता शर्मा जी और डॉ कल्याणी कबीर जी के संपादन में निकली पुस्तक का हिस्सा बनने का मौका मिला। आपदोनों का हृदय से धन्यवाद। लिखते हुये अपनी लेखिका बनाने के सफ़र की सारी यादें ताजा हो गयी और कई बार आंखें अश्रु से भर आई। मां सरस्वती की कृपा सदा हमसब पर बनी रहे।

नोटः इस रचना के कोई एक माह बाद टाटा के मेहरबाई टाटा मेमोरियल अस्पताल में इलाज के क्रम में 17 मई 2024 को हो गया।

कविता संसार

कुमारी छाया, झारखंड के जमशेदपुर की एक सशक्त और संवेदनशील लेखिका, कवयित्री और शिक्षिका, जिन्होंने अपने साहित्यिक योगदान और जीवन के प्रति सकारात्मक दृष्टिकोण से लोगों के बीच अपनी विशेष पहचान बनाई। उनका जन्म जमशेदपुर के गोलमुरी क्षेत्र के टिनप्लेट में हुआ था। वे रमेश कुमार सिंह और वीणा सिंह की पुत्री थीं। उनका पारिवारिक वातावरण शुरू से ही उनके लेखन और रचनात्मकता के लिए सहायक रहा है। उनके परिवार ने न केवल उनकी साहित्यिक यात्रा में उनका साथ दिया, बल्कि उनके जीवन की कठिनाइयों में भी उनका सबसे बड़ा सहारा बने।

साहित्यिक यात्रा और रचनाएं

कुमारी छाया का लेखन प्रकृति, मानवीय संवेदनाओं और जीवन के अनुभवों से गहरे तक जुड़ा हुआ है। उनकी पहली पुस्तक "एक प्याली चाय" उनकी साहित्यिक प्रतिभा का पहला बड़ा परिचय थी। यह पुस्तक कविताओं और छोटी रचनाओं का संग्रह है, जिसमें रोज़मर्रा की ज़िंदगी को भावनात्मक और काव्यात्मक ढंग से प्रस्तुत किया गया है। पुस्तक के प्रकाशन के बाद इसकी लोकप्रियता का अंदाज़ा इस बात से लगाया जा सकता है कि यह अमेज़न पर दूसरे ही दिन बेस्ट सेलर लिस्ट में शामिल हो गई थी। इस सफलता ने उन्हें और अधिक रचनात्मकता के लिए प्रेरित किया।

उनकी दूसरी पुस्तक "मेरी उमीद की ओर" उनकी काव्य यात्रा का अगला पड़ाव है। इस संग्रह में उनकी कविताएं आशा, संघर्ष और प्रकृति के प्रति उनके गहरे प्रेम को दर्शाती हैं। उनकी लेखनी में एक खास बात यह है कि वे जटिल भावनाओं को भी सहज और सरल शब्दों में व्यक्त कर देती हैं, जिससे उनकी रचनाएं आम पाठकों से लेकर साहित्य प्रेमियों तक सभी को आकर्षित करती हैं। उनकी कविताओं में प्रकृति का चित्रण इतना जीवंत होता है कि पाठक खुद को पेड़ों, नदियों और हवाओं के बीच महसूस करने लगता है।

जीवन का संघर्ष और प्रेरणा

कुमारी छाया का जीवन केवल साहित्यिक उपलब्धियों तक सीमित नहीं है; उनकी व्यक्तिगत जिंदगी भी एक प्रेरणादायक कहानी है। वे कैंसर जैसी गंभीर बीमारी से जूझ रही थीं, लेकिन इस चुनौती ने उनकी रचनात्मकता को कम नहीं किया। बल्कि, उन्होंने इसे अपनी ताकत बनायी। वे कहती थीं कि कविता उनके लिए एक "औषधि" है, जो उन्हें मानसिक शांति और भावनात्मक संबल प्रदान करती है। इलाज के दौरान भी वे लिखती रहीं और अपनी रचनाओं के ज़रिए दूसरों को भी प्रेरित करती रहीं। उनका मानना था कि प्रकृति से जुड़ाव और सृजनात्मकता इंसान को सबसे मुश्किल हालात में भी जीने की उम्मीद दे सकती है।

शिक्षिका के रूप में योगदान

लेखन के अलावा, कुमारी छाया एक शिक्षिका भी थीं। वे अपने छात्रों को न केवल किताबी ज्ञान देती थीं, बल्कि उन्हें जीवन के मूल्यों, प्रकृति के महत्व और सकारात्मक सोच के बारे में भी सिखाती थीं। उनकी शिक्षण शैली में उनकी संवेदनशीलता और रचनात्मकता की झलक मिलती है, जो उन्हें अपने छात्रों के बीच लोकप्रिय बनाती थी।

सामाजिक संदेश और दर्शन

कुमारी छाया अपनी रचनाओं और बातचीत में अक्सर प्रकृति से जुड़ने की वकालत करतीं हैं। उनका मानना था कि आज की भागदौड़ भरी ज़िंदगी में लोग प्रकृति से दूर होते जा रहे हैं, जिसके कारण तनाव और अवसाद बढ़ रहा है। वे लोगों से अपील करती हैं कि वे पेड़-पौधों, नदियों, और खुले आसमान के साथ समय बिताएं, क्योंकि यह न केवल मन को शांति देता है, बल्कि जीवन को नए अर्थ भी प्रदान करता है। उनकी यह सोच उनकी रचनाओं में बार-बार उभरती है और पाठकों को गहरे चिंतन के लिए प्रेरित करती है।

व्यक्तित्व और प्रभाव

जमशेदपुर जैसे औद्योगिक शहर में रहते हुए भी कुमारी छाया ने अपनी लेखनी में प्रकृति

और संवेदनशीलता को प्राथमिकता दी है। उनका व्यक्तित्व सादगी और दृढ़ता का अनूठा संगम है। वे एक ऐसी शख्सियत थीं जो कठिनाइयों के बीच भी मुस्कुराते हुए आगे बढ़ती रहीं और दूसरों को भी ऐसा करने के लिए प्रेरित करती रहीं। उनके परिवार का समर्थन, खासकर उनके माता-पिता और करीबी रिश्तेदारों का सहयोग, उनकी इस यात्रा में महत्वपूर्ण रहा है।

व्यक्तित्व और प्रभाव

जमशेदपुर जैसे औद्योगिक शहर में रहते हुए भी कुमारी छाया ने अपनी लेखनी में प्रकृति और संवेदनशीलता को प्राथमिकता दी है। उनका व्यक्तित्व सादगी और दृढ़ता का अनूठा संगम है। वे एक ऐसी शख्सियत थीं जो कठिनाइयों के बीच भी मुस्कुराते हुए आगे बढ़ती रहीं और दूसरों को भी ऐसा करने के लिए प्रेरित करती रहीं। उनके परिवार का समर्थन, खासकर उनके माता-पिता और करीबी रिश्तेदारों का सहयोग, उनकी इस यात्रा में महत्वपूर्ण रहा है।

लेखनी को मिला विराम

बीमारी से लड़ते हुए रचनाकर्म में जुटी रहीं कुमारी छाया अपनी पांचवीं पुस्तक की तैयारी में थीं जो कविताओं का संग्रह होती। इसी क्रम में उनकी छोटी सी जिंदगी की छोटी सी कहानी खत्म होने के करीब पहुंच गई। कविताएं पुस्तक की शक्ल में उनसे दो-चार नहीं हो सकीं। बार-बार मौत को चुनौती देती रहीं कुमारी छाया जब पीड़ा से राहत की उम्मीद में अस्पताल पहुंचीं तो वापस नहीं लौटीं। इस बार वह हार गई। हाजिर है जीवन की सांझ में रचित उनकी कविताएं।

मुस्कुराहटों से

मुस्कुराहटों से भर जाए खालीपन,

नयनों की चपलता से पलकें झूक जाए,

हर वो शाम तुम आना,

जब तुम्हें याद कर,

सिरहाने एक मोती गिरा होगा. . .

गुलों में बिखरे रंग

गुलों में बिखरे रंग कहते हैं,

बग़ैर नुकसान के फ़ायदे,

कहां समझ आते हैं,

हर एक सांस बेशक़ीमती है,

सांसों की माला की ख़ूबसूरती के,

क़ायदे कहां समझ आते हैं,

ज़िन्दगी की हर एक साज़ पर,

गुनगुनाने का मन हो,

पर वो तराने कहां समझ आते हैं. . .

तटिनी

तटिनी अब भी शांत थी,

अवश्य ही किसी सोच में डूबी हुई,

कोई आया नहीं आज मिलने,

प्रातः से संध्या होने ही वाली थी,

विहग घोंसलों की ओर लौट रहे थे,

तभी एक राजकुमारी श्वेत वस्त्र में आई,

धीमे - धीमे पदचापों के साथ खुशबू बिखेरती,

जैसे सजीव हो गयी हो धरा उसके आने मात्र से. . .

मेरी मुस्कुराहटों में

मेरी मुस्कुराहटों में,
कई रंग होते हैं कभी - कभी,
इंद्रधनुषी रंग एकबारगी ,
उभर आते हैं रुखसार पर . . .

जिंदगी बस

जिंदगी बस दो लफ़्ज़ों में,
विश्वास और ख्याल . . .

फूल

मेरे दिल में फूल खिले थे,
दिल मुरझाता गया और,
एक - एक पंखुड़ियां,
सूख- सूख कर गिरती गयी . . .

जब -जब

जब - जब बारिश देखती हूं
उसकी बूँदें मुझसे कहती हैं,
बरस जाती हूं बरबस ही,
पानी को अपने अंदर समाकर . . .

अक्सर

अक्सर मैं उदास हो जाती हूं,
जब अपनी खामोशियों को,
पढ़ने की कोशिश करती हूं,

दिल की बगिया

मेरे दिल की बगिया में,
एक गुलाब का पौधा है,
देखो आज एक फूल खिला है . . .

झहर -झहर

झहर - झहर,
बारिश की बूंदें गिर रहीं,
सावन शायद प्रियतमा को,
याद कर आंसू गिरा रहा. . .

बारिश की तरह

बारिश की तरह प्यार की बूंदें,
मेरे दिल पर जब गिरती हैं,
उसकी खुशबू इत्र सी होती है . . .

बिखरी हुई जुल्फें

ये बिखरी हुई तुम्हारी जुल्फें,
गालों को छूता तुम्हारा झुमका,
आंखों का कजरा तुम्हारा गजरा,
उफ्फ खुदा जाने ये खुबसूरती,
किसकी जान पर आफत मचाएगी . . .

गुलाबी -गुलाबी

गुलाबी - गुलाबी गुलाबीपन लिये,
ये गुलाब की नाजुक-नाजुक पंखुड़ियां,
सुगंधी . . सौरभ . . महक . . खुशबू को साथ लिए,
ढेरों प्यार को समेटे गुनगुनाती है, कुछ कहती है . . .

असीमित प्यार

हमारा प्यार असीमित है,

जिसकी कोई सीमा नही,

आसमां जैसा विशाल अनंत,

सिर्फ अहसासों के धागे बांध पाते हैं,

मुस्कुराहट इसके वजन को समझ पाती हैं,

ख्यालों के डोर इसे हरपल मजबूत करते हैं,

जितना हम एक - दूसरे को दे पाए कम लगता है . . .

पुरानी यादें

पुरानी यादें,

सूखे हुए फूल,

जो अब मुरझा गए हैं,

पर आस्तित्व में है वो अब भी,

उसकी सूखी पंखुड़ियां अब भी,

उस महक की याद दिलाती है जो,

कभी मेरे दिल के बाग को महकाकर,

उसे तरोताजा रखते थे . . .

खुबसूरत ख्याल

हर खुबसूरत ख्याल,

कभी आखों में बस जाते हैं,

कभी बालों में उलझ जाते हैं,

कभी मेरी नींद ही चुरा लेते हैं,

कभी मेरे ख्यालों में आ बातें करते हैं . . .

बीते हुए मौसम

बीते हुए मौसम की तरह,
यादों के सुनहरे पल,
हाथों में सूखे पत्तों की तरह,
आ गिरते हैं कभी-कभी,
और हम पैगाम समझ लेते हैं...

रात है या फिर

रात है या फिर,
रातरानी की खुशबू का डोला,
नैनों में निंदिया भरी-भरी है,
स्वप्न बेकरार है आंखों में बसने के लिए,
थोड़ी-थोड़ी बेकरारी का आलम है . . .

मन कुछ कहता है

मेरा मन कुछ कहता है,
सुनो हौले से कुछ कहता है,
सांसों का भारीपन कुछ कम हो,
आंखों की नमी बस नैनों में ही रुक जाए,
पलकों पर सपनों को सोने की थोड़ी जगह दूं,
ओठों पर मुस्कुराहटों को कहती हूं रुक जाए,
बालों को समेटे हुए मैं हवाओं से बातें करू,
मेरा मन कुछ कहता है, सुनो हौले से कुछ कहता है. . .

यादें और जिंदगी

यादें खुबसूरत सा एक शब्द,
जेहन में आते ही आंखों में कई तस्वीरें,
एकसाथ एक-एक कर गुजरने लगती हैं,
आंखों में खुशी-गम दोनों पानी झिलमिलाते हैं,
यादें जिंदगी जीने का सही सबक दे जाती हैं . . .

ये खुबसूरत रास्ते

ये खुबसूरत रास्ते,

मुझे ले कर कहां चले,

सन्नाटा है पर देखो मेरी

तमन्नाओं के फूल बिखरे हुए हैं,

दिख नहीं रहे पर रास्ते को,

खुशनुमा कर रहे हैं, महका रहे हैं,

और मैं एक खुबसूरत मंजिल की ओर,

कदम दर कदम बढ़ती जा रही हूं. . .

कभी -कभी रातों में

कभी ऐसा होता है,

दर्द ज्यादा पास आ जाती है रातों में,

बिल्कुल पास सिरहाने से सटे हुए,

लोरी सुनाने आती है रातों में,

थोड़ी सहलाती है पेशानी को रातों में,

थपकियों की मरहम लगाती कुछ गुनगुनाती है रातों में . . .

खिड़की

घर में खिड़की ना हो तो,

बाहर की दुनिया से परिचय संभव है,

दीवारें मन की गहराई माप कहां पाती हैं,

और ज्यादा उलझा देती हैं अपनी दृढ़ता से,

खिड़की रोशनी को बुलाती है ज्यादा-थोड़ी,

मन के अमावस को दूर करती हवा के साथ,

सबसे परिचय कराती हुई चलचित्र भांति,

नयनों के सामने से गुजर रहा हो और हम,

हर अवसाद से मुक्त होते जाते हैं,

जैसे बारिश में भींग भी नहीं रहे हो,

और बारिश की बूंदों का आनंद भी मिल रहा हो . . .

हर वक़्त

हर वक़्त हवाएं यूं ही तेज नहीं बहती,
कभी - कभी बस मेरे बालों को छू लेना मकसद होता है...

उम्मीद

उम्मीद से ज्यादा उम्मीद हो,
तो उम्मीद भी रुष्ट हो जाती है,
कहती है मन को शांत करें,
विचलित मन पथ से भटका देते हैं . . .

मन के पन्ने

मन के पन्नों पर,
ख्वाबों के कई फूल खिले हैं,
कई रंगों के फूल खिले हैं,
शब्द रूपी फूलों की महक लिये हुए,
बातें करते हुए मुझसे परियों की कहानी की,
राजकुमारी की जिसे इन फूलों से बेहद प्रेम था,
मेरे मन के पन्नों पर कई फूल खिले हैं . . .

बूंद

जो बूंद बन बरसती है,
कहती है कि यादें तुम्हारी,
बूंदों में छिप आयी है इसपल,
बारिश की बूंद कहती है चलो,
भीग आते हैं, प्रियतम से मिल आते हैं,
यादों को साथ मिल जी आते हैं . . .

खामोशी

खामोशी अच्छी है,
जिन्दगी में शोर बहुत है . . .

शोर

जब हर तरफ़ खामोशी हो तो,

न शोर मन के अंदर होता है . . .

मैं आज भी

शायद मैं आज भी सोचती हूं,

सब कुछ कल्पना से परे है,

पर जब नियति सामने आती है,

बहुत सुन्दर एक छवि लाती है,

ऐसा आभास कराती है,

जैसे एक वजह दे रही है कि,

मैं इठलाऊं, मुस्काऊँ, थोड़ा शरमाऊं . . .

काश

काश दर्द कुछ राहत देता,

शब्दों से थोड़ी बातें हो पाती,

कितने ही दिवस बीत गये,

कहीं कुछ रिक्त सा है शून्य . . .

चांद की खामोशी

चांद की खामोशी अच्छी नहीं लगती मुझे,

कितनी उदास हो जाती हूं जब - जब,

बातें नहीं कर पाती हूं प्यारे चांद से,

चुप्पी मेरे मन को विचलित कर जाती है,

आज तुम अपनी नीली आभा भी थोड़ा कम लाये हो,

क्या पीड़ा में हो तुम चांद! तो बातें करो मुझसे,

मैं सुनूंगी तुम्हारी हर पीड़ा को जो तुम्हें उद्विग्र कर रही . . .

हर सुबह

हर सुबह एक उम्मीद जगाती है कि
आज मेरी कुछ ख्वाहिशें पूरी होंगी . . .

उदास अंबर

आज अंबर भी उदास सा है,

बादलों का इंतजार था उसे,

बारिश की बूंदों में भींगना चाहता था,

दिनकर की तपिश जला रही थी उसे,

अंबर का मन आज कुछ व्याकुल सा है,

बारिश की बूंदों की धुन याद कर रहा है आज,

उसकी धुन पर नृत्य करना चाह रहा था,

आज अंबर भी उदास सा है . . .

कृष्णा कहते हैं

कृष्णा कहते हैं,

जब तक जीवन है,

प्रेम के वश में रहो

करुणा का हृदय में वास हो,

विचारों में स्वतंत्रता हो,

मस्तक गर्व को धारण करे,

प्रकृति से प्रेम नयनों को सुख दे. . .

उम्मीद

उम्मीद से ज्यादा उम्मीद हो,

तो उम्मीद भी रुष्ट हो जाती हैं,

कहती है मन को शांत करें,

विचलित मन पथ से भटका देते हैं . . .

मेरे मन के पन्नों पर

मेरे मन के पन्नों पर,

ख्वाबों के कई फूल खिले हैं,

कई रंगों के फूल खिले हैं,

शब्द रूपी फूलों की महक लिये हुए,

बातें करते हुए मुझसे परियों की कहानी की,

राजकुमारी कि जिसे इन फूलों से बेहद प्रेम था,

मेरे मन के पन्नों पर कई फूल खिले हैं . . .

फूलों का खिलना

फूलों का खिलना,

पंछियों का चहकना,

नवजीवन का संकेत है यह,

नदियों की कल - कल ध्वनि,

छम - छम बरसते मेघ,

प्रकृति का सुर संगीत है यह,

शीतल आभा बिखेरता चांद,

रात्रि में रातरानी की मोहक खुशबू,

जुगनुओं की टिमटिमाती रोशनी,

यामिनी के प्रिय मीत हैं यह . . .

यादों में

यादों में सिर्फ वो लम्हें ही कैद रहते हैं,
जिन लम्हों में हम जिन्दगी जीते हैं . . .

छोटे पौधे के जैसे

एक छोटे पौधे के जैसे,
जिसने अभी बढ़ना शुरू किया है,
कोपलें आयेंगी जिसमें नई,
धीरे -धीरे वो एक वृक्ष का रूप ले लेगी,
फूल और फिर हमारी खुशियों के फल आयेंगे,
आशा जो हमारे जीने का सबल बनेगा . . .
पत्तियां गवाह हैं
पत्तियां गवाह हैं,
कुछ टूटा था खामोशी से,
पत्तियां खुद भी नहीं सुन पाई,
टूटने की आहट....पीड़ा,
जो उसकी आकृति को ही,
विलुप्त कर रहे थे, सूखा रहे थे,
नेत्रनीर बूंद-बूंद ओस की बूंद बन,
उसे भींगो रहे थे अनवरत् . ..

इश्क़ का मौसम

तुम कैसे भूल गए,

वो शाम जब पंछी,

अपने घरों को लौट रहे थे,

सांझ का आगमन होने ही वाला था,

तभी तुम्हारी पायल की रुनझुन,

मेरे कानों को सहला रहे थे,

और मैं मंत्रमुग्ध हो अपलक,

राह को निहार रहा था,

और फिर तुम आई,

शायद इश्क़ का मौसम आ गया था . . .

उषा काल

उषा काल आयी,

खुशियां, ऊर्जा, रोशनी सब लायी,

पर आंसू गिरा रात्रि का,

ओस की बूंद में

अपने समाप्त होने का गम,

कहां छुपा पाई . . .

नेत्रनीर

जब मुस्कुराहट है,

नेत्रनीर खुशी के ही होंगे. . .

लफ्ज़

जो लिखे थे लफ्ज़,

बहुत पुराने हो गए हैं अब,

कभी गुलाब की खुशबू से,

हर शब्द महका करते थे,

जब खत में प्रेम के शब्द,

चहका करते थे. . .

फूल से कहा

पंखुड़ियों ने फूल से कहा,

तुम इतनी सुंदर न होती,

गर मैं होती तुमसे विलग,

फिर क्यों इतराती हो इतना,

मीठी सुगंध,

मनमोहक पंखुड़ियों से,

देती हूं मनभावन रूप तुम्हें,

कहो फिर क्यों इतराती हो इतना. . .

कभी - कभी ज़िन्दगी

कभी - कभी जिन्दगी,

खुद में उलझ जाती है,

सुलझाना नामुमकिन सा लगता है,

तब लगता है चांद से कोई फरिश्ता आएगा,

सितारों की जगमगाहट को रातरानी के फूलों पर,

छोड़ जाएगा और वो रात सितारों वाली खुशबू समेटे,

जिन्दगी की गिरहें हमेशा के लिए खत्म कर देंगी. . .

मोहब्बत का फूल

मोहब्बत का फूल हैं,

महकेगा ही इश्क के इत्र से,

वो सुर्ख लाल रंग का है,

गालों पर भी फैल रहा है,

बालों में सुर्ख लाल फूल,

खुबसूरती की नज़्म गुनगुना रहे. . .

एक तस्वीर

थोड़ी मुस्कुराती हुई,

चांद को झांकती हुई,

फूलों से बातें करती हुई,

शब्दों को पोषित करती हुई,

बस मुझे अपनी एक तस्वीर खींचनी है,

कहीं मैं रूठी तो नहीं . . .

खुबसूरत पल

लम्हों को जीने के लिए,

जीवन में खुबसूरत पलों का होना,

खुबसूरत यादों का होना जरूरी होता है,

जरूरी होता है जब हम मुस्कुराते हुए,

उस पल को जीते हैं, स्मरण करते हैं,

अनुभूतियों को सांसों में महसूस करते हैं,

जो बस स्वप्न मात्र ही हमारे लिए होता है. . .

ज़िन्दगी चाहती है

जिन्दगी चाहती है,

फूलों भरा गुलदस्ता होना,

हर रंगों के फूलों से भरे,

भावनाओं से ओतप्रोत,

नयनों को शीतलता देती,

मन को महकाती गुनगुनाती,

जीवन के हर रंग से परिचय कराती. . .

मेरी स्मृतियां

तुम किरणों के साथ आना,

मेरी स्मृतियां,

 तुम्हें दिन के उजालों में भी याद कर,

कभी गुमसुम कभी तन्हा रहती है . . .

हवा के साथ चलना

तुम यूं ही नहीं टहलना,

हवा के साथ चलना,

उसकी आगोश में,

उसकी खुशबू में,

महफ़ूज़ रखना खुद को,

डगमगाना नहीं,

पांव जरा दबा कर चलना,

वो अपने इशारे पर चलने को,

करेगी मजबूर पर, तुम मंजिल को देखना,

हवा के साथ चलना. . .

किताबों के बीच

किताबों के बीच,
एक आईना है,
समय का,
वक़्त को खुद में समेटे,
लफ्जों में कहानी लिये. . .

शून्य

शून्य की तरफ आंखें,
एकटक देखती हैं,
बयां करती अश्कों की,
हर मुमकिन दास्तां,
शायद ठीक से कभी कही नहीं गयी,
पर निकलेगी एक आवाज,
सूनी गलियों से गुजरती हुई,
हवाओं को चीरती,
बंधनों से आजाद होती,
हर दंभ को चूर - चूर करती. . .

तेरे आने की खुशी

तेरे आने की खुशी,
दरवाजे की कुण्डियां,
चहक उठती हैं,
कर्णबाली प्रसन्नता में,
झूम उठती है,
और मेरी आंखें,
निरंतर बस पथ निहारती,
केश गालों पर बिखरे हैं,
बिखरे रहना ही प्रसन्नता
का कारण हो. . .

हमेश कविता नहीं

हम हमेशा कविता नही लिख रहे होते,
कभी-कभी उस वक़्त से गुजर रहे होते हैं,
जिसपर आगे कविता लिखी जानी है. . .

लेखन की सुंदरता

लेखन की सुंदरता,
शब्दों में निहित,
स्नेह वर्षा करते शब्द,
उद्विग्रता शांत करते शब्द,
सुंदरता परिभाषित करते शब्द,
लाड़ - दुलार करते शब्द,
आंसुओं में मुस्कुराहट झिलमिलाते शब्द. . .

जीवन

जीवन निर्झर है,
सब बहा ले जाती है,
गम... खुशी... आंसू... हंसी. . .

वेदना

वेदना सदा अश्रुजल नहीं बनते,
कभी - कभी हृदय में घर बना लेते हैं,
जो दिखते तो नहीं बस टीस देते हैं,
मन को व्यथित करते हैं,
सांसों के भारीपन से प्रतीत होता,
हवाओं ने मित्रता ही तोड़ ली हो,
संगीत भी मीठी तान से कतराने लगे हैं,
मौन रहना भाने लगा है शायद. . .

सुनो ज़िन्दगी की बात

सुनो ज़िन्दगी की बात,

जरा ध्यान से,

सुनना, समझना फिर परखना,

जरा ध्यान से,

पंछियों के कलरव को सुनना,

जरा ध्यान से,

बतियाते हैं हर शाम,

सुनाते हैं दिन भर के उड़ने की थकान,

सुनना जरा ध्यान से,

ढेरों कहानियां जो सुनी, देखी,

जैसे ज़िन्दगी सुनाती है कहानियां अपने रफ्तार की. . .

बूंदों के मोती

बूंदों के मोती घुंघरू बन बज रहे,

ऐसा लग रहा आसमां खुश है आज,

धरती का आंचल मोतियों से भर रहे,

बूंदों की कर्णप्रिय संगीत से आनंदित है मन,

लगता है बूंदों के घुंघरू तन में बांध,

भींगने का मौसम आ गया है जैसे. . .

ओंस की बूंदें

ओंस की बूंदों की तरह,

बारिश की बूंदें गिर रहीं,

पत्तों पर टप - टप मधुर ध्वनि,

बादल गरज - गरज बरस रहे,

आसमां ने काले रंग की चादर ओढ़ रखी है,

रात्रि सांझ से ही आने को व्याकुल थी,

निद्रा बार - बार कह रही कि सो जाओ,

सारी परेशानियों को सिरहाने रख. . .

शुभ दीपावली

चारों ओर प्रकाश हो, प्रेम हो,
दीप के आलोक से सबका मन,
सभी जन का संसार जगमगाए,
ऐसी मंगलकामना के साथ सभी को
शुभ दीपावली

होली की शुभकामनाएं

कौन सा रंग लगाऊं ....
सोचती हूं थोड़ा सुकून का रंग पीला ....
मुस्कुराहट का रंग गुलाबी ...
खुशियों का रंग हरा ...
प्रेम का रंग लाल...
हृदय को ठंडक देती आसमानी ...
होली की शुभकामनाएं

लाड़-दुलार मां

बस अभी-अभी तो कुछ महीने फिर
महसूस किया मैंने लाड़-दुलार तुम्हारा मां
ममत्व तो बचपन से ही ढेर सारा दिया तुमने
बस अभी-अभी कुछ महीने पहले मैंने महसूस किया फिर
तुम ना होती तो किससे कहती पीड़ा अपनी मैं मां
तुम्हारी हर प्रार्थना में मैं थी हर दुआ में बस मेरे लिये थी मां
बस अभी-तो कुछ महीने पहले मैंने महसूस किया फिर
मंदिर की चौखट पर तुम्हारे पांव बढ़े मेरे लिये मां
जब-जब आंसू आये तुमने गले लगाया मां
छोटी बच्ची सी हो तुमसे लिपटी रही हरपल मैं मां
बस अभी-अभी तो कुछ महीने पहले मैंने महसूस किया फिर...

गुड़िया रानी

गुड़िया रानी गुड़िया रानी
तुम रहना सदा सखी हमारी,
तुम न होना उदास कभी,
करना सदा समय पर हर काम,
मेरी प्यारी गुड़िया रानी।

गुड़िया रानी गुड़िया रानी
माता-पिता, गुरुजनों की,
कर जोड़ करना तुम सम्मान,
उनके चरणों में है सारा संसार,
मेरी प्यारी गुड़िया रानी।

गुड़िया रानी गुड़िया रानी,
पुस्तक में रहते हैं ईश्वर,
प्रतिदिन नमन कर,
करना तुम अध्ययन,
मेरी प्यारी गुड़िया रानी।

गुड़िया रानी गुड़िया रानी,
पढ़-लिख कर जीवन में,
करना मानव का कल्याण,
जीवन पथ पर सदा आगे बढ़ना,
मेरी प्यारी गुड़िया रानी।

सूर्य ने बिखेरी रश्मि

सूर्य ने बिखेरी रश्मि
एक नई आशा के साथ
एक नया दिवस भी आया
पाखी ने कलरव से
गुल ने रंगों से
किया स्वागत नूतन दिवस का
हर पग में ऊर्जा भर कर
जग को किया निहाल

प्रकृति

प्रकृति से सीखा

सबसे प्रेम करना

सुंदरता को देख इठलाना

धरा के ममत्व को महसूस करना

आसमान के नीले चादर की छांव में बैठना

नदी के कल-कल ध्वनि में संगीत सुनना

मानव को मानवता का पाठ प्रकृति ने सिखाया

नई रोशनी की ओर

चुपचाप सुन लिया छाया ने,

जैसे कोई ऋषि समाधि में बैठा हो।

ना कोई शिकवा,

ना कोई सवाल।

केवल एक छोटी-सी मुस्कान —

जैसे जीवन की अंतिम घड़ी को भी

सिर झुकाकर स्वीकार कर लिया हो।

डॉक्टर की आंखें झुक गईं,

पर छाया की आंखों में अडोल धैर्य था,

मानो कह रही हो —

"दर्द का विस्तार देख चुकी हूं,

अब समापन भी देख लूंगी।

जिसने जीवन को जिया हो,

वह मृत्यु से भय क्यों करे?"

महीनों का सफर एक लंबी सांझ में ढलने लगा,

हर सांस एक कविता बन गई,

हर धड़कन एक अंतिम उपहार।

और छाया,

अपने दर्द के पार जाकर,

एक नई रोशनी की ओर बढ़ चली।